定年格差

70歳でも自分を活かせる人は何をやっているか

郡山史郎

青春新書
INTELLIGENCE

はじめに　「定年格差」は準備が9割！

年齢とは、ただの数字である。しかし、それで判断されてしまうのが、今の日本だ。

その最たるものが「定年」である。

かつては60歳だった定年は65歳へと延長され、2021年4月の「改正高年齢者雇用安定法」では、70歳までの継続雇用が努力義務とされた。「70歳定年」のはじまりだ。


私自身は70歳をとうに超えている。86歳になった今も、雨にも負けず、風にも負けず、コロナにも負けず、毎日電車に乗って通勤している。

現役時代、「早く定年退職して、ゆっくりしたいものだ」と思わなかったわけではない。

しかし今では、むしろ働くことが幸せなのだと考えるようになった。

もちろん、いろいろな理由で働く必要性を感じている人もいるだろう。

「働き続けたい」と願うシニアは増えている。

では、この「70歳定年」がそんな人々にとって朗報かというと、そこにはちょっと注意が必要なのだ。

ここで少し、私自身の定年後について触れておきたい。

定年までソニーで働き、定年後、紆余曲折《うよきょくせつ》あって人材紹介会社を興《おこ》した。なぜ、畑違いの人材紹介業をはじめたのかというと、私自身が再就職に大変苦労をしたからだ。

そのネックは、やはり年齢だった。

「年齢で差別されることなく、働きたい人が働ける世の中にしよう」と意気込んで人材紹介業を考えついたのだが、私はすぐに現実を思い知らされることになった。

いくらその仕事をする能力があっても、年齢を伝えたとたん断られる。

ひどい場合は、履歴書の年齢を見ただけで門前払いされる。

残念ながらシニアの人材紹介をビジネスとして成立させることは難しい――そう判断した私は、個人的に定年退職者の再就職をサポートするようになった。その数は約5000人にのぼる。

長年多くの定年退職者を見続けてきたからこそ、私にはわかる。国が「70歳定年」を掲げたところで、誰もがその年齢まで働けるわけではなく、シニアがスムーズに仕事を見つけ、すぐに働ける世の中になるには、まだまだ時間がかかるだろう。

なかにはトントン拍子で次の居場所が見つかる人もいるが、それは非常に稀なケースだと思ったほうがいい。

だからこそ、定年後に備えて準備をしているか、していないかで大きな差がつく。その準備とは、ひと言で言えばマインドセット（考え方、思考パターン）の変革だ。

マインドセットが変わらなければ、同じ年齢で、同じような時期に、同じような定年を迎えたとしても、大きな格差が生まれると断言しよう。

その格差は、収入や社会的地位といった些末《さまつ》な格差ではない。

幸せか、不幸せか。そんな根源的な格差を生むのだ。

私はこれを「定年格差」と名付けたい。

本書は、「定年格差」を乗り越えるために、シニアが新しいマインドセットを手に入れる術《すべ》を伝える指南書だ。

70歳まで定年が延長されるということは、実質的に定年が消滅した生涯現役社会が到来したとも言える。そこで序章でまず、「70歳定年＝定年消滅」で何が起こるのかについて述べる。

第1章では、「定年には3つの種類がある」ことを丁寧に説きたい。定年の歴史と本質を知り、意味と意義を理解することは、今あるマインドセットを壊すファーストステップにふさわしいだろう。

第2章では「70歳定年」の仕組みを改めて解説する。制度を見直すことで、国や企業の狙いを洗い出して、危機感を強めていただきたい。

第3章では「シニア転職のリアル」を伝えたい。人材紹介という仕事に従事しているからこそ言えること、言えないことを、本書では明らかにしたい。不幸なシニア転職と、幸せなシニア転職の違いも伝える。

第4章は「『定年格差』を乗り越えるための10の条件」と題して、マインドセットをどう変えるべきか、そのための準備と変革法をまとめた。日本人の多くが苦手とする本当の幸せ＝ウェルビーイングの話にも踏み込む。

そして第5章は、国や企業の制度に物申すだけではなく、「こうしたらいかがだろうか」という、提言めいたものをさせていただいた。長年シニア支援をしてきた自分の使命でもある。

シニアビジネスパーソンのマインドセットの切り替えは不可欠だ。しかし、長年積み重ねた知見や思考法を捨て、変えるのは並大抵のことではない。年をとるほどに頭が固くなる人間の生理を考えるとなおさらだ。だから、早ければ早いほどいい。

やるなら今しかない。

「動こう！」と思った今この瞬間が、あなたの一生で最も若いのだから。

『定年格差』目次

◈第１章◈

知られざる「３つの定年」

◆第2章◆

「70歳定年」にダマされてはいけない！

◆第3章◆

コロナはシニアの転職をどう変えたか

◆第4章◆

「定年格差」を乗り越えるための10の条件

◈第５章◈

シニアも当たり前に働ける社会をつくる

本文デザイン　ベラビスタスタジオ
編集協力　箱田髙樹

◆序章◆

「定年消滅時代」がやってきた!

「70歳定年」は、百害あって一利なし

改正高年齢者雇用安定法が施行された。

施行日の2021年4月1日以降、努力義務とはいえ、企業は「70歳までの定年引き上げ」か、「70歳までの継続雇用制度（再雇用制度・勤務延長制度）」などを講じなければならなくなった。社員本人さえ希望すれば、今いる会社で70歳まで働けるようになったのだ。

これを受けて、多くのメディアでは、こんな言説が相次いだ。

「いよいよ生涯現役が当たり前になる」

「〝定年消滅〟時代の到来だ」

しかし人材紹介をおこなう傍《かたわ》ら、5000人以上のシニアの再就職をサポートしてきた私にしてみたら、この「70歳定年」制度は愚策としか言いようがない。今、企業に勤めて

いるほとんどのシニア世代、あるいはこれからシニアになる中年世代にとって、まさしく「百害あって一利なし」であるからだ。

どういうことか？

順を追って説明しよう。

「人生100年時代」という大変化

まず視座を少し上げていただく。

ホモ・サピエンスの視点で考える。我々人間が地上に誕生しておよそ20万年、頭脳が発達して10万年、文明・文化を発達させてからは1万年程度だろう。

この気が遠くなるような長い期間、人間の寿命は30年から50年ほどだった。

戦国時代の頃、織田信長が「人間五十年、下天《げてん》の内をくらぶれば、夢幻の如《ごと》くなり……」と「敦盛」の詞を好み、自身も49歳で死去したが、それから近代まで寿命はさほど変わらなかった。

私が生まれた、第二次世界大戦直前の1935年の日本人の平均寿命は、男性で46・92歳。女性でも49・63歳でしかなかったことでも理解いただけるだろう。

ところが、戦後になると急激に公衆衛生が改善し、医療も高度化した。経済発展にともないライフスタイルの向上も進んだ。もちろん戦争で亡くなる人もいなかった。その結果、今では日本人の平均寿命は男性で81・64歳、女性で87・74歳にまで延びた（2020年・厚生労働省）。

要するに、この85年で平均寿命が2倍近くにまで延びたのである。

これは人類20万年の歴史において、異常事態としか言いようがない。

人間が100歳まで生きるということは、それ以前に設計された社会制度は私たちにフィットしなくなってきたということだ。政府が推す「人生100年時代」の背景にはこの問題がある。

言うまでもなく、日本は少子高齢化が進んでいる。それはこのまま生産年齢人口が減少すると、本来ならその生産年齢人口が支えるよう設計された年金、医療、介護といった社会保障が崩壊することを意味する。

シニアがかつてより長生きし、健康であるのなら、なるべく長く働いて社会保障費の負担を減らしたい。社会保障費を得るのではなく、払う側にいて社会を安定させてほしい。政府が人生１００年時代を力強く推すのは、こうした思惑があるためだ。

もちろん元気なシニアが生涯現役で働くことには、私も大賛成だ。私は86歳になった今も毎日、自宅から会社まで80分かけて出社している。また、定年後の仕事を求めるシニアと会うなかで「できる限り働いていたい」「生涯現役を貫きたい」と考えるシニアは極めて多いと実感している。

国と企業の〝温度差〟がもたらすもの

生産年齢人口の穴を埋めるため、社会保障費の破綻を防ぐため、できるだけシニアに長く働いてもらう。そのための環境を整える——。

政府はその旗印は明確に立てたが、実行は企業に丸投げした。

改正高年齢者雇用安定法が訴える「70歳まで定年を延ばせ」は、企業に求められた努力義務である。

先に述べた通り、日本全体で見れば元気なシニアに働いてもらい、国を支えてもらうのは極めて正しい。

しかし、一企業の視点で見たらどうだろう?

以前から進んでいたグローバル化がとどまることはない。インターネットやビッグデータ、ＡＩ（人工知能）といったテクノロジーは、日々凄《すさ》まじい勢いで進化、浸透している。これまでの業務をデジタルテクノロジーで代替して、新たな付加価値を出すＤＸ（デジタルトランスフォーメーション。デジタル技術の活用で企業が組織やビジネスモデルを変革して、よりよいサービス、価値提供を生み出すこと）が強く叫ばれているのも、この流れのなかにある。

しかし、90年代後半から日本企業のほとんどが厳しい戦いを続けている。欧米の多くのグローバル企業が新しいデジタルテクノロジーを巧みに使う一方で、日本企業は付加価値の高いプロダクトやサービスを生み出せずにきた。従来型の「現場のカイゼン」に頼って、既存の技術や製造工程を磨き上げることにだけ力を注ぎすぎたのだ。

結果、世界のトップを走る企業は「ＧＡＦＡ」（グーグル・アップル・フェイスブック・アマゾン）と呼ばれるアメリカのネット系企業が長らく定位置にいる。それに続くプレゼンスを発揮しているのは「ＢＡＴＨ」（バイドゥ・アリババ・テンセント・ファーウェイ）で、すべて中国企業となっており、日本企業は見る影もない。

また、アメリカの一スタートアップ企業でしかなかった電気自動車メーカー・テスラが、２０２０年に株式時価総額でトヨタを抜いたことは象徴的だ。18年前に、誰がここまでの変化を予想できただろうか。

複雑・高度化したビジネス環境のなかで、あらゆる企業は厳しい競争にさらされている。ＩＴ企業、製造業だけの話ではない。規模や業種を問わない大きな潮流だ。

この激流を生き残るために、企業が本当にほしいのはシニアではない。変化をいとわぬ柔軟性と、新しいテクノロジーを貪欲に自分のものにしていけるのは若い世代だ。そのうえ比較的、給与を低く設定できるのだ。シニアより若手がほしいのは当然だ。

定年が70歳にまで延びることは、企業にしてみたら「本当はいてほしくない人」「そろそろ出ていってほしい人材」をさらに抱えることになる。

本来、生き残りをかけてうんとコスト・パフォーマンスの高い若い人材がほしいのに、追い出せないシニアのせいで採れないジレンマを抱える――後に詳しく定義するが、定年とは「本当はやめたくない人をやめさせる」ためのシステムなのだ。

シビアな競争社会を生きる企業が、70歳定年制によって〝本当はいてほしくないシニア〟を抱え込まなければならなくなれば、どんな手を打つだろうか？

シニアを守る体力がない企業

1つは「追い出し」だ。

誠意ある会社は「希望退職者」を募る。定年を待たずして自ら手を挙げた社員に早々に退場していただき、その代わりに予定より多くの退職金を払う。多少の対価を払ってでもいらぬ社員に早めに出ていってもらい、人件費を削減し、企業を筋肉質にするわけだ。

すでに徴候は見えている。

東京商工リサーチによると２０２０年の上場企業における希望退職者数は1万８６３５人。もちろんこの年に本格化して、企業経営をゆさぶった新型コロナウイルスの影響も甚大だったが、実はその前年、２０１９年の希望退職者は1万１３５１人。この数字は過去５年間で最多で、コロナ禍になった以前に追い出しははじまっていたのだ。

違う形で「いびり出す」企業も多いだろう。

それまでの役職を外して、多額の減給をする役職定年を、広く採用する企業も増えた。陰湿な企業なら、役職定年者をあえて以前の部下の下につけて、いづらくするような策をとる。シニア層だけの部署をつくって、仕事を与えないような「追い出し部屋」のような問題も多く見られる。

事実、私も某大手製造業の役員から「シニア層を追い出したい。何かいい方法はないか？」と相談を持ちかけられたことがある。

つまり、70歳にまで定年が延長されるのは、企業にとってはたまったものではないのだ。厳しい競争にエントリーしているのに、余計な足かせをつけられることになるからだ。

70歳定年はシニア層を長く働かせるシステムではなく、むしろ早めに、強めに「いらないシニア層を追い出そう」との機運を高める、皮肉なトリガーになっているのだ。

社外に新天地を見つけるのは至難の業

「それなら、今いる会社を飛び出して、求められる別の会社に移ろう!」

転職、あるいは早期退職して再就職に活路を見出そうとするシニアの方も多いかもしれない。

現実は甘くない。

求職者1人につき、何件の求人があるかを示した「有効求人倍率」は直近の2021年5月、1・09倍だった。2019年は1・6倍で、それまではリーマン・ショック直後の2009年からほぼ右肩上がりだったから、突然の大きな落ち込みを見せた。

理由はもちろん、新型コロナウイルスの感染拡大だ。

ただし、である。

人材紹介をしている私の会社には、企業から毎年1000件ほどの求人案件が届いている。確かに1・09倍は低い水準だが、リーマン・ショック直後の2009年は0・47倍だったことを考えると、やはり求人数はあるにはあるわけだ。

甘くないのは、その内訳だ。

雇用対策法によって、求人に年齢制限を明記することは禁止されている。ただし表立っていないだけで、業者である我々には、あくまで「希望」として、企業が求める年代が内密に明示される。

私の会社に1000も届く求人案件のうち、60歳以上を希望する企業はゼロである。50代に下げたとしても、10％にも満たない。企業のほとんどが20代、30代、ギリギリで40代の求人を希望している。

つまり、企業が人材紹介業を通して探している案件は、若手から中年層を希望するものが圧倒的に多いのだ。

今いる会社を飛び出したところで、そう簡単に新天地は見つからない。同じくらいの収入と同じような地位を望んでも、社外にはほとんどないと自覚するべきだ。

「しかし、新聞では以前の企業で得たマネジメント知識を中小企業で活かして成功した人の話を読んだ」

「テレビで60歳を過ぎても華麗なジョブチェンジを果たしている男女が多く紹介されているのを観た」

そういう意見もあるだろう。

なぜそうした方々がメディアで取り上げられるか、冷静に考えていただきたい。

珍しい、つまりレアケースであるからだ。

ニュースのような報道メディアでも、基本的には人目を引きつけるユニークな情報を届けたい。「人生100年時代」「定年が消滅する」。そうしたお題ならば、「こんな人もいるのか！」と興味のわく、とがった事例を取り上げたくなるのは当然だ。

シニアになって転職に成功するのは、すばらしいことだ。しかし、ごく一部のラッキーな事例をあたかも「皆こうなるんですよ」と押し付けるのは無責任だと考える。

いったんまとめよう。

「70歳までの定年延長」は、政府が社会保障制度を安定させたいがために立てた旗印だ。これによって企業がシニアの雇用を保障するかといえば、答えは否だ。

むしろ逆回転する。複雑化・高度化、何より激化した企業経営において、ムダに給料だけ高く、新しい知識やスキルを身につけづらいシニア層はなお邪魔な存在になる。何もしなければ、いらぬシニアが社内に残ってしまうため、早めに手を打ちはじめる。早期退職制度、役職定年、減給制度、またはいびり出しが横行する。

多くのシニアの方々は、70歳に定年が延長することで、定年が早まるだろう。制度が直撃するシニアのビジネスパーソンにとって「百害あって一利なし」とはこのことだ。

ここまで厳しい話が続いてしまったが、私は「希望はある」と伝えたい。

指をくわえて、人生の夕暮れをただ見つめているのはもったいない。企業があなたをいらないと言ったところで、あなた自身の価値がなくなったわけではないのだから。

ではどうすればいいか。

それこそが、マインドセットの変革だ。

今こそマインドセットの切り替えが必要だ

40代中頃くらいまでは、雇用先である企業が求めるまま、まっすぐにキャリアを積めば、それなりに成長を自覚できたはずだ。任される仕事のサイズも難易度も上がり、成果も給料もそれに合わせて増えてきた。

しかし、同じ成長曲線をシニアが描くことはできない。

50歳前後になれば、もう社内でのひと握りのポストをめぐる出世競争のゴールも見えているはずだ。それでも経済的に成長し続けている時代ならば、トップには上り詰めなくても、なんとなくそれなりに形になるおまけのようなポストと給料が用意されていた。ポスト競争に敗れても、それまで積み上げてきた右肩上がりの成長と給料の「惰性」で、プライドもお金もなんとか耐え忍べたわけだ。

今、それはもうない。

定年の延長によって、むしろ追い出そうと圧力がかかる。惰性はきかず、そのまま外に放り出される。

だからこそ、積み上げてきたマインドセットを切り替えなければならない。

「これまでと同じような給料を得たい」

「これまでと似たようなポストにつきたい」

「これまでと近い仕事内容で活躍したい」

このような考え方は、すべていったん捨て去る必要がある。

何度も言うが、企業の求人がほとんどないことからもわかるはずだ。30代、40代の最も活躍できた頃以上の給料やポスト、社会的地位を得られる可能性は極めて低い。

その延長線上に、シニアは立てない。

しかも、シニアの〝幸せ〟はその延長線上にはないのだ。

50歳を超えたあたりから、ビジネスパーソンはこれまでとは違うマインドセット、新しい軸を持って生きなければならない。それが人生100年時代に、本当に豊かな暮らしをいとなむ唯一の方策なのだ。

◆第1章◆

知られざる「3つの定年」

定年は「差別」である

欧米の多くの国では、定年は〝違法〟である。

男女の性別で求人募集するのが違法であるのと同じく、国籍や年齢によって採用・不採用を決めるのはアメリカやイギリスでは差別に当たるからだ。

「定年退職」という言葉自体が存在しないと言ってもいいだろう。

だから70歳を超えた会社員や、80代の公務員などがザラにいる。業務の最前線にいることはなくても、しっかりと組織のミッションを果たす役割を担い、企業と社会のために貢献している姿が当たり前にある。

翻《ひるがえ》って、我らが日本には、どうして定年制度があるのだろうか？

そもそも定年とは何なのだろう？

それを知ることは、なぜ今、シニア世代が働き方を再定義する必要があるのか、会社や国に言われたままでいることがいかにリスクまみれであるのか、理解していただく第一歩になるはずだ。

ところで、ひと口に「定年」と言っても、３つの種類があると私は考えている。

第1の定年「形式定年」

１つが「形式定年」だ。

これは国が定めて企業が従う一般的な定年退職制度のことだ。昨今「70歳まで定年が延長される」と世間を騒がせているのもこの範疇《はんちゅう》に入る。

もともと日本の民間企業で定年制度が生まれたのは、明治時代に遡《さかのぼ》る。民間企業では１９０２年に日本郵船が実施した社員休職規則が最初だという。その定年は55歳だった。

もっとも、今に続く定年とは様相が異なる。

なにせ当時の平均寿命は43歳。55歳はむしろ長い雇用を保証するようにも見える。ほかの企業にまで定年制度が広まるほどではなかった。

裏を返せば、当時の労働市場はまだ流動的だったということだ。

明治時代の労働者は、今のようなビジネスパーソンというより、自らの技能を活かせる場所を求めて渡り歩く職人のようなスタイルが一般的だったからだ。例えば当時勃興した工業生産の現場でも、企業側も今のような労務管理体制は整っていなかった。親方が熟練工を集めてチームを組んで仕事を請け負うのがスタンダードだったという。企業はそのチームを間接的に労務管理していたわけだ。

しかし当時日本の好況のエンジンとなっていた第一次世界大戦（１９１４～18年）が終わると潮目が変わった。

活況だった工業生産は勢いをなくし、不況になった。工場労働者の雇用状況は一気に悪化。それまでのように「いい条件の職場を渡り歩く」のはリスキーな行為になった。なるべく今いる場所にとどまろうと、労働者の多くが逆のベクトルを働かせるようになったのだ。

一方で工業化が進んだことで、企業側も熟練した技能を持った人材を囲い込む機運が高まった。工場内で組織立って動く仕事が増えたため、狭い範囲の技術だけをもって企業を転々とするような人材では、そうした組織的技能は育たない。若いうちに企業で雇い、技術を学ばせることで、企業へのロイヤルティ（忠誠心）の高い労働者を育てるほうが利益がある。いわゆる「子飼い労働者」を増やせばコスト・パフォーマンスが高いと考えたわけだ。

そこで企業は労務管理を近代化させ、整備していった。賃金制度、社内教育制度、福利厚生などを充実させた、体系化された組織へと徐々に形を変えていったわけだ。

こうした流れが一気に加速したのが、第二次世界大戦後。１９５０年代半ばから70年代にかけての、高度経済成長期である。

「形式定年」はこのときに根付いた。

高度成長が生んだ、終身雇用と年功序列型賃金

戦後の焼け野原から復興するため、日本経済はガムシャラな成長をはじめる。

政府は重工業などの成長分野に集中して資金をまわす傾斜生産方針を掲げて、強引に産業界を盛り上げた。すると1950年には朝鮮戦争が勃発。アメリカから大量の軍需物資の発注が殺到し、それに応じる形で日本経済は急速に盛り上がる。朝鮮特需だ。

急拡大する輸出量が生産量を押し上げ、当然、雇用も拡大した。

とくに太平洋ベルト地帯を中心とした雇用が足りなくなり、地方から若い労働力が都市部や工業地帯へと集められた。

こうして生まれた圧倒的な売り手市場が、終身雇用や年功序列といった、「日本的」とされる雇用慣行を形作っていった。

とにかく労働力を求めていたから、企業は新卒一括採用で職務内容を問わず大勢の若者を採用した。ジョブ・ローテーションとOJT（オン・ザ・ジョブ・トレーニング）で社

内で丁寧な教育をほどこすことで、組織に適した熟練社員を育て上げた。
貴重な人材を手放したくない企業は、終身雇用を約束するようになった。被雇用者側も社会人のスタートを切ると同時に、自分たちの価値を強く感じられたため、終身雇用が当たり前のように受け入れられた。

加えて、日本経済全体が右肩上がりで成長が続くなか、企業の生産性と売上高も当たり前のように年々右肩上がりを続けた。売り上げ・利益が上がれば、人材を手放したくない企業は、当然それをつなぎとめの財源にまわす。年々、賃金上昇が約束される年功序列型賃金はこうして生まれた。規模や業界を問わず、この頃、日本企業全体に広く浸透していった。

こうなると人材の流動化は当然、進まなくなる。人材を確保したかった企業には万々歳だ。しかし、年功序列型賃金で終身雇用がずっと続けば、企業には賃金の高い幹部ばかりが年々増えていくデメリットがある。どこかで頭打ちにしておく必要があるわけだ。

ここで「定年退職」の意義が高まる。

これまで一部で採用されていた55歳での定年退職が、一気に広がった。労働立法政策が展開され、労働運動が盛んになりはじめて、かつてのように企業が簡単に人員整理をできなくなったことも背景にあった。言い方を換えれば、「55歳で自動的に解雇できる」出口があるからこそ、企業は終身雇用と年功序列型賃金という、会社に忠誠心を尽くし、長くそこにいればいるほど得をするシステムを維持できる。労働者にとっても、定年があれば自分の雇用が保証され、また昇給も保証されるメリットの高い仕組みだったわけだ。

実際、高度経済成長期の1970年代、私の先輩たちは、とても幸せそうな顔で、定年退職を迎えていた。

年功序列だから、ほとんどの人が年をとるごとに平社員から係長、課長代理、課長、部長……と順番に役職を上げた。忠実な社員こそ位を上げていく軍隊の階級そのものだ。実際は、課長補佐くらいで出世競争に敗れる人も多いわけだが、さほど気にする必要もなかった。子会社などにポストは用意されていたし、給料は十分受け取っている。また、55歳か60歳で定年を迎えても、中小企業を含めたほとんどの企業に退職給付制度があり、だいたい2000万円ほどの退職金が当たり前のように支給された。

約束された右肩上がりの収入によって預金も十分あったし、普通預金ですら年利3％という時代だったから貯金だけでじゃぶじゃぶとお金が増えた。国も会社も潤っていたので公的年金も企業年金も潤沢で、現役時代の給料の6割ほどをもらうのも普通だった。

「定年を迎えて、いよいよ悠々自適だ」とほころぶ笑顔で退職の花束をもらうのは当然だった。

年齢で区切ることのメリット

これこそがやめたくない人をやめさせる、「形式定年」の仕組みだ。

日本企業、ひいては日本経済は、自らの成長戦略として、合理的に労働力を集め、また合理的に高給取りまで上り詰めたシニア人材を〝気持ちよく追い出す〟仕掛けとして、形式としての定年を採用してきた、というわけだ。

権力者にも「ルールなので」と一定の年齢になったら、表立って躊躇《ちゅうちょ》なく追い出すことができる。権力の腐敗を防ぎやすくなる。〝老害蔓延《まんえん》防止法〟だ。

ところが、この仕掛けが、土台から崩れさったのは周知の通りだ。

右肩上がりの成長は、バブル崩壊以降見る影もなくなった。ほとんどの企業は売り上げ・利益を倍々ゲームで増やすようなことはなくなり、年功序列型賃金も終身雇用制も企業経営の足を引っ張るようになった。

若い労働人口が次から次へと地方から輩出されるような人口動態は夢のまた夢にまで落ちた。団塊ジュニア世代を最後に、日本は長らく少子高齢化への道をたどってきた。そうなれば、現役世代がシニアを支える日本の年金制度は、構造的に維持できない。

幸せな定年を下支えしていた、特異な経済成長がなくなり、定年の意味は変わった。

「いよいよ悠々自適だ」などという笑顔は消え去った。

企業は早くから「早期退職」を迫るようになった。

メディアは「定年後2000万円は貯蓄が必要だ。大丈夫か」とあおるようになった。

私が経済界と政府が労働者をコントロールするために用意した定年制度を「形式定年」と名付けた理由は、ここにもある。

中身はすっからかんの空洞化が進んだ、形式だけの定年であるからだ。「形骸化定年」と言い換えてもいいだろう。

第２の定年「自然定年」

２つ目の定年を「自然定年」と名付けたい。

こちらは企業や国や法律が、外から便宜上押し付けた定年制度ではない。動物である私たち人間が否応なしにも受け入れるしかない、生物学上の定年だ。

結論から言うと、それは45歳前後である。

人は生まれたときから、体力も知力も右肩上がりで成長する。

幼年期から少年期、少年期から青年期と、筋力も持久力も毎年のようにアップしていくのが常だ。若い頃は記憶力も高く、経験も浅いから、スポンジが水を吸い取るように知識も増やしていく。1時間、1日、1年も、やたらと長く感じる。経験が少ないから見るもの聞くもの出会う人、すべてが自分の血肉になる。経験の浅さは無謀さと表裏一体でもある。怖いものが少ないため、新しいことにどんどんチャレンジできる。失敗を糧《かて》にできるバネもある。まだ時間もあるから、何度でもやり直せる。

人間はこうして「成長曲線」を描きながら社会で生き、学問を学び、仕事をしながら自分を磨いて、上のステージを目指していくわけだ。

しかし、力強く投げたボールも、徐々に弧を描いて落ちていくものだ。

人間の成長曲線もやがて、弧を描いて落ちていく「下降曲線」に変わる。

この気力、体力のピークが大体25~30歳といわれる。そこから下降曲線に入って、体力のみならず知識労働者としての力も大体45歳で下降曲線に入るといわれている。

現在86歳の私は、身にしみてそれを感じてきた。

まず、45歳前後から、筋力も持久力も明らかに衰えを感じるようになる。

筋肉の代わりに体脂肪がつきやすくなる。持久力もなくなってくるので、徹夜で作業などと当然できなくなる。酒の席でも同様で、深夜まで飲み歩くなどしたくもなくなる。

とくに45歳ほどで最も体力の衰えを自覚するのは、視力がぐんと落ちることだろう。いわゆる老眼だ。

老眼の仕組みは、実は筋力の衰えであることをご存じだろうか？

眼のなかにはレンズの役割を果たす水晶体という部位がある。我々人間の水晶体は、もともと薄く、遠くのものを見たときにフォーカスが合うように初期設定されている。つまり本の活字を見たり、スマートフォンの画面を眺めたりするなど、近くを見るときには水晶体を自ら調節して厚くなるよう再設定しているわけだ。

この厚みの調整は、水晶体を支えている筋肉が担う。しかし、筋力が45歳を境に明らかに衰えるのは先に述べた通り。こうして、水晶体を厚くする筋力が弱まって、ある日、近くのものほど見えにくくなってくる。

近くを見るのが大変だから、読書もかつてより面倒な作業となる。新しい知識を身につける機会が、かつてよりうんと減る。眼が見えづらいから集中力もうんと落ちる。目を凝らす機会が増えるから、首や肩もどっと疲れやすくなる。

視力は1つのわかりやすい例であって、ほぼ人体のすべての部分に、こうした耐用年数による衰えが表出する。

肌は20代の頃と比べものにならないほどシワやシミが増える。その内側にある血管や内臓も同様に疲れ切っていることが、容易に想像できる。

1時間、1日、1年は驚くほど早く過ぎ去る。かつて見聞きするものを貪欲に吸い取ってきたスポンジも、もはや吸い取るだけの乾きが残されていない。すべてがいつか見た風景に思えて、おもしろさも感じにくい。

いや、それを言い訳にして、新しい知識や技術やテクノロジーを学ぶことを避けるようになるのかもしれない。すでに多くの経験を積んできた結果、あらゆるリスクも認識している。失敗してつまずいて、立ち上がるのも億劫《おっくう》になってくる。

知力、集中力、向上心にいたるまで下降すれば、それは能力の下降と直結するのは当然だ。45歳で体力、知力ともに下降曲線に入った人間は、それ以前の人間に比べて明らかに仕事で劣ってくる。

自然の摂理にそった「自然定年」がそこにあるわけだ。

これは「形式定年」と違って、誰しもが抗《あらが》えない老化による定年である。

「いやいや、私は50歳だけどいまだに老眼鏡いらずだ」

「65歳を過ぎても毎年フルマラソンを完走しているぞ」

なかにはこんな御仁もいるだろう。しかし、ここで言っているのはあくまで一般論であり、何事も例外があることをお断りしておく。

誰しも遅かれ早かれ下降曲線に入る時期はやってくる。

一般的には、それが45歳前後ということだ。

グローバル企業の役職者が若い理由

アメリカやイギリスには定年がないと書いた。

年齢で差別するのは、違法に当たるからだ。

しかし、この「自然定年」はアメリカだろうが、どこだろうが、人間なら誰しも訪れる。その証拠に、グローバル企業こそ、役職者が若い傾向がある。

アメリカなどでは、30代や40代でCEOなど企業の要職に就く人が多い。年功序列型賃金ではないから当然のことではある。

また日本の管理職のイメージとは程遠い、激務とプレッシャーが待ち受けているからとも説明できる。まずは数字とファクトをベースにした、株主をはじめステークホルダー(利害関係者)からのプレッシャーが凄まじい。グローバルな競争そのものも、まさに血で血を洗うような戦いだ。

日本のように60代を超えた経営層がわかったふりをして「現場に任せた」と丸投げしてやり過ごすことなどできない。だからこそ、破格の給与を彼らは得る。心と体をすり減らす対価として実に正しい。体力、知力ともに充実した45歳以前の人材しかこなせないハードワークがそこにある証左である。

本筋からはそれるが、この役職者ほどハードワークという図式が根付いているからこそ、欧米のグローバル企業では「年上の部下」「年下の上司」の関係が日本ほど問題にならずにまわるのだろう。

私自身、大学卒業後すぐは伊藤忠商事に入るも、1年半ほどでソニーに転職。アメリカの現地法人で9年働いたあと、彼の地のミシンメーカーだったシンガーに誘われて、外資系企業に在職した。明らかに日本企業とは違う働き方がそこにあった。ハイリスクでハイプレッシャーな日々が当たり前だった。外資系のイメージそのものであった。

ただ同時に、外資系企業には年齢を重ねるほど「出世したくない」と公言する人も大勢いた。体力、知力が落ちた下降線に入った状況で、心身をすり減らすようなハードワークには就けないからだ。

かように、「自然定年」は世界中の人々に抗えない事実としてまとわりつく。

体力、知力が落ちて新しい挑戦ができなくなったビジネスパーソンは第一線に居続けることが難しくなるわけだ。

「いや。年をとるほどに〝経験〟が増えるではないか。その経験こそが武器になるのではないか」

そう考える方もいるかもしれない。

しかし自分自身も含め、45歳を超えた人間の経験は、もうほとんど使い物にならない、というのが私の実感だ。

「経験」を活かせるのも45歳まで⁉

年を積み重ねることで得てきたビジネスのスキル、ノウハウ。それは代えがたい経験として、どんなビジネス環境にも活きる——。

シニア層を奮い立たせるうえで、よく見かける常套句《じょうとうく》だ。

シニア層向けのキャリア、転職に関するメディアの記事や政府の提言などにも「経験を活かせ」といった文言がずらりと並ぶ。

言いたいことはよくわかるし、経験が活きることは確かにある。

ただ、かつてよりうんと少なくなっているのは確かだ。

デジタルテクノロジーの進化によってビジネスのスタイルは大きく変わった。

例えば営業職といえば、少し前まではとにかく足繁《しげ》くお客のもとに出向いて、接触機会を増やすことが是とされた。それが実際、成果にもつながったし、評価にもなった。

今はそんな「足で稼ぐ」営業はいらない。むしろお客からは忌み嫌われるようになった。メールやネット通話などのツールが急速に普及した。

「足で稼ぐ」なんて非効率なことを、お客も企業もしてほしくない。

頭を使ってデジタルを走らせて、メールやウェブなどのほか、ＩＴテクノロジーを駆使して、効率的に確実なお客にリーチしたほうが成果が出るようになっている。

もちろん、自分をブラッシュアップしていけるような若い世代ならば、経験そのものもアップデートしていけるだろう。しかし、45歳を過ぎて新たなデジタルツールの使い方を習得していくには、普通以上の努力が必要になる。スマホ画面の文字を見るだけで疲れはじめる45歳以上にそれを望むのは酷というものだ。

そう考えると、「自然定年」はスポーツ選手のそれに近い。

サッカー選手でも、野球選手でも、百戦錬磨で優勝経験や国際大会での活躍を味わってきたような選手は、経験を活かしたいぶし銀のプレイができるものだ。大舞台でも緊張しない術を知っているし、相手チームへの対処法なども若い選手よりは長けている。

だから、大舞台になると「彼の経験を活かしたい」「若い選手に伝えてほしい」と選抜メンバーに選ばれることがままある。

だからといって、もう走れなくなったサッカー選手や、投げることもままならない野球選手をグラウンドに立たせることはあり得ない。経験は肉体的な限界を凌駕《りょうが》しない。

ベテランの経験だけを活かすために、若い選手の席を譲るわけにはいかないのだ。

それはコーチや監督の役割で、少数いれば十分だ。

第3の定年「実質定年」

いよいよ本題に入る。

第１の定年「形式定年」は、政府と企業が労働者をとにかく使い切るための制度だった。

しかし、それは右肩上がりの高度経済成長の時代に組み上げられた特別なモデルでしかなかった。


少子高齢化という抗えない現実。

30年以上にもわたる低成長時代。

これがトリガーとなって、企業は年功序列型賃金を維持して、労働者を縛り付けるほどの余裕がなくなった。政府は退職したあとの生活を手助けする潤沢な公的年金を設定できなくなった。そして苦し紛れのなかで「70歳まで定年を延ばす」と号令を発した。

天下の愚策だ。

次章で詳しく述べるが、それは企業にとって負担でしかなく、むしろシニア社員を早めに追い出す誘因になりそうだ。簡単に言えば、「形式定年」は形だけの定年であり、真剣にこれに従っていたら働く者が不幸になるのは目に見えている。

その一方で、第2の定年「自然定年」は、無慈悲に訪れる。

人生100年時代といわれ、健康寿命も多少延びたが、やはり45歳くらいを境に、人間は体力と知力、何よりも気力が落ちる。頭も固くなり、新しい知見も得られなくなる。人間としての成長曲線が下降線になったのだから、今度は階段を下っていくことを覚悟しなくてはならない。それこそが自然な定年であり、多少の時差はあっても人間が誰しも平等に受け入れなければならない定年だ。


年金制度がガタついて、長く働く必要性が出てきたのに、企業はなるべく早くシニアを追い出したい。しかし、自分の体は、若い世代に比べて仕事ができるとは当然いえない状況だ。人生50年のときは55歳で迎える「形式定年」と「自然定年」が噛《か》み合ってフィットしたが、今はミスマッチが甚だしい状態というわけだ。

形骸化する「形式定年」と、抗えない「自然定年」にはさまれたシニア層は、身の振り方をどうすればいいのだろうか？

私は第３の定年を提案したい。

「実質定年」――。

それは、自分で自分の定年を新たに再設定する、自律的な生き方のことだ。

「高給」「出世」「競争」からの卒業

会社や国に自分のキャリアプランを任せてしまうのは、やめにしよう。

彼らは労働者１人ひとりのことまでを真剣に考えてはいない。それは致し方ないことだ。全体最適を考えるのが国の基本で、売り上げ・利益を上げ続けるのが企業の正しい姿勢だ。


しかしあなたの人生には、国や企業とは別の時間が流れている。

65歳だろうが、70歳だろうが、あるいは別の形で会社から追い出されたところで、人生１００年時代の今は、それから数十年もの間、生活していかなければならない。

私自身は90歳まで現役で働くと決めている。90年を半分にするとちょうど45年ずつになる。サッカーでいう前半戦と後半戦のようなものだ。

サッカーと違うのは、前半と後半で戦い方を変えざるを得なくなることだ。

前半戦は、同年代のライバルや同業の企業と重なり合って競う競争社会で切磋琢磨《せっさたくま》してきた。それなりの成果を上げて、役職も上げて、給料とプライドを高めてきた。国や勤め先が求めるキャリアパスに従っていて問題なかった。

しかし、「自然定年」を迎えると、同じ戦い方ができなくなる。

体力、知力が衰えて、これまでと同じモチベーションで高給や出世や成長を求めて働くのは分が悪くなる。どう考えても、自分より下の世代のほうが優れているし、彼らのほうが勝ち目があるからだ。


マインドセットの切り替えどきだ。

後半戦に追い求めるのは、前半のような「高給」でも「出世」でもない。ガムシャラに働いて会社の業績を上げて、自分と会社を成長させていくには、もう心身が衰えている。

こうした前半戦のモチベーションやマインドを捨て去るのが「実質定年」だ。

仕事人生を終えるのではなく、違う戦い方をする後半戦へとシフトする。新たなマインドセット、価値観のもとで仕事人生をリスタートさせるのだ。今度のキャリアパスは自分で決めよう。

何をエンジンにするのかといえば、高給でも出世でもなく、「好きなこと」「楽しいこと」「幸せ」である。好きなことや楽しいこと、幸せの感じ方は人によって異なる。前半戦のように自分と会社の成長を重ね合わせて仕事に邁進《まいしん》したり、いくつかの役職のイスを取り合うような、通り一遍のモチベーションでは動けないからだ。

誰かにとっての好きなことは、あなたにとって嫌いなことかもしれない。あなたが感じる幸せは、別の誰かには不幸せかもしれない。ましてや国や会社がいいように言うキャリアパスには当てはまらない。

「いや。自分が好きなこと、楽しいことなんて、今の職場にあるとも思えない。ましてや自分の好きなこと、楽しいことが何かすら、薄ぼんやりとしている」

そう思われる人も少なくないだろう。

ほとんどの人はそうかもしれない。

だからこそ、45歳で頭を切り替えはじめなければならないのだ。

70歳まで定年制度が延びたとしても、企業はそれより前に、体力、知力が衰えたのに、給料やプライドが高まったシニア人材を追い出しはじめる。

会社のために捧げてきたキャリアは強制終了になる。そのときになって「さて、どうするか?」では遅いのだ。

ここでもプロスポーツ選手を重ね合わせて考えてみよう。

野球でもサッカーでも、プロ選手は自分を伸ばし、チームを勝たせるため、幼少の頃から練習を重ねる。いいチームに所属して頭角をあらわし、プロになってからもレギュラーに入るため努力する。監督やコーチが目指すチームの戦術に合わせて、自分のプレイスタイルも言われたように変えたほうが、レギュラーとして戦える確率は上がる。こうしてまっすぐにチームのための努力をするのが、そのまま自分の成長と給料とプライドに直結してきたわけだ。

ところが、体力の衰えを感じる年齢になると、そうはいかなくなる。

監督やコーチが求めるレベルのプレイができなくなる。下からの押し上げもあって、レギュラーからは遠ざかる。しばらくしたら戦力外通告を受ける。

「さて、どうするか？」ではもう遅い。

あらかじめ約束された未来が訪れただけだ。それまでにセカンドキャリアの準備をしておけばよかったと後悔する。コーチや監督になるための勉強をしておけば違ったと悔やむ。

いずれにしても、華やかなプロスポーツのグラウンドにはもう戻れないのだ。

ビジネスも同じだ。

「形式定年」が来る前に、次のステージの準備をしなければならない。そのために、これまでの出世と高給とプライドを積み上げるための働き方から卒業する必要がある。具体的なやり方はあとの章に譲るが、まずはしっかりと自覚してほしい。

「実質定年」とは、人生を最後まで幸せに送る、準備のための定年なのだ。

この定年を自ら設定し、マインドセットを変えられることが、幸せの切符を手にすることにつながる。

定年前よりも、今のほうが10倍幸せ

私の話に戻らせてもらう。

先に述べたように、前半戦では新卒で伊藤忠に入ったあと、ソニーへ転職した。しばらくアメリカの現地法人で働き、そのままアメリカでシンガーから声がかかって転職した。

シンガーはミシンメーカーであったが、当時すでに縫製機械、楽器、教育機器、家電など多様なプロダクトをつくり、販売していた。私は日本に赴任となって、営業担当役員から現地法人社長、さらには日本、韓国、中国を取り仕切る北アジア統括を任されるようになった。さて、次はどうするか考えていたときに、古巣だったソニーから声がかかった。

1981年のことだった。ちょうど46歳である。

ソニーでは取締役や子会社の社長などを経験したが、定年後、紆余曲折を経てエグゼクティブ向けの人材紹介会社を起業した。

今はとてもではないが、定年前、一番高かった時代の給料はまったく超えられていない。

ビジネスジェット機で欧米を縦横無尽に飛び回り、各国の企業とダイナミックな仕事のやりとりをするなど夢の世界。大勢のチームで大きな目標を掲げてプロジェクトを成功に導いたのも遠い昔だ。

世にいうキャリアの価値観でいえば、明らかに以前のほうがステイタスが高いだろう。ただ、両方を味わった私の素直な実感をお伝えすれば、当時の幸福度が10だとしたら、今の幸福度は１００である。

大きなプロジェクトを動かす醍醐味《だいごみ》はあったが、自分の決断で巨額が失われるかもしれない。そのプレッシャーに毎日、胃がキリキリと痛んでいた。まぎらわすためにジンをストレートで痛飲する日々で、周囲からはいつも「顔色が悪い」と言われていた。それなりの役職を人からうらやまれることも常だった。応援してくれる人より足を引っ張ろうとしている敵が増えた不安に心を支配されていた。神経だけがすり減った。

今は違う。

いつも満員のＪＲに乗って片道80分かけて出社する。ビッグプロジェクトではなく、企業と働きたい人とをつなぐ個人の仕事をする。成果が出たら嬉しいが、出なくてもその日1日、無事に仕事をできただけで存分に満足感がある。イライラすることも、キリキリと胃が痛むこともない。

おだやかな気持ちで、会社を続けられることは無上の喜びがある。早めに帰宅して、さやかな晩酌を楽しむ。

明らかに定年前より、楽しく幸せな生活を送っている。

形はそれぞれ異なるだろう。

しかし後半戦に入る前に、前半戦のような働き方を捨て去り、マインドセットを切り替える。本当の楽しさや幸せや好きなことを見極めて、準備しておく。

国や企業の都合のいい定年に踊らされないためには、それは絶対だ。

自分の身をもってしても、また多くのシニアの転職活動、その苦労を間近に見る者としても断言できる。

どう準備をするのがいいかは、次章以降でお伝えしよう。

◈第２章◈

「70歳定年」にダマされてはいけない！

「70歳定年」が「実質定年」の重要性を高める

定年には3つあると説いた。

「形式定年」と呼ばれる、国の法律に基づいて企業が実施する定年退職の形が1つ目。

「自然定年」と名付けた身体的に下降線をたどる、抗えない生物的な衰えが2つ目。

そして最後が「実質定年」だ。自ら人生の半分をどう生き、どう働くかを決めて、過去のキャリアやプライドを捨て、マインドセットを改めて生まれ変わる新しい定年の形として、本書で強く推すキャリアパスである。

この「実質定年」の必要性をより高めたのが、俗に言う「70歳定年法」だ。

2021年4月から施行された「改正高年齢者雇用安定法」のことである。

前年から世界中で猛威をふるった新型コロナウイルスの感染拡大の混乱に埋もれているきらいがあるが、日本の労働環境、とくにシニア層の働き方、生き方を大きく左右する法律が、すでに動きはじめているのだ。

いったい何がどう変わるのか。「70歳定年法」のリアルを知ることは、「実質定年」の重要性をさらに認識するだろう。

そしてわかっていただけるはずだ。

この法律は極めて正しく、同時に愚策でもあることが。

高年齢者雇用安定法とは何か

高年齢者雇用安定法とは何かを、まず歴史から紐解きたい。

1971年に制定された中高年齢者雇用促進法がこれのもとであり、1986年に高年齢者雇用安定法に改正されて、今に続いている法律だ。

目的は高年齢者が働き続けられる環境を整備すること。少子高齢化が急速に進む我が国では、年を追うごとに重要度が増してきた法律とも言えそうだ。

繰り返し述べているが、企業の定年制度は、会社側がシニアをやめさせるための仕組みであると同時に、労働者の雇用が定年までは守られる「雇用確保」の意味もある。

それを踏まえると、高年齢者雇用安定法は、これまでもいくつかの大きな改正があったが、直近で最もインパクトがあったのは2013年に施行された改正だろう。

このときは、高年齢者雇用確保措置として、高年齢者雇用安定法は以下を定めた。

【2013年・改正高年齢者雇用安定法の骨子】

・定年を60歳未満とすることの禁止

・65歳までの雇用確保措置（以下3つのいずれかの措置を事業主に義務化）

①定年を65歳に引き上げ

②65歳までの継続雇用制度の導入

③定年制の廃止

少しわかりにくいので解説する。

まずは60歳未満、つまり59歳以下で定年退職させる制度を禁止している。これによって一度正社員として雇用された労働者は、何か不祥事などを起こさなければ原則的に60歳の誕生日を迎えるまでは正社員として雇用されるわけだ。

前述したように、高度経済成長期までは55歳が定年退職の一般的な年齢だった。しかしその後、元気な中高年層が増えはじめたこと、また労働組合が力を持っていたこともあり、60歳にまで定年は延ばされた。１９９８年に60歳定年が義務化されていたのだ。

加えて、60歳以降も「65歳までは雇用確保」を義務付け、労働者にしてみたら約束されたというわけだ。

具体的には「①定年を65歳に引き上げ」「②65歳までの継続雇用制度の導入」「③定年制の廃止」のどれかの雇用機会を、企業は60歳を過ぎたあとも、労働者に対して与えなければならなくなった。

実態はどうか？

２０２１年１月８日に厚生労働省が発表した令和２年「高年齢者の雇用状況」によると、まず65歳までの雇用確保措置を実施している企業は全体の99・９％とほぼすべてだった。

ちなみに調査対象は全国の常時雇用する労働者が31人以上の企業16万4151社で、うち14万7081社が300人以下の中小企業である。

内訳を見ると、「①定年を65歳に引き上げ」を実施しているのは20・9％（3万4213社）、「②65歳までの継続雇用制度の導入」を実施しているのは76・4％（12万5352社）、「③定年制の廃止」はわずか2・7％（4468社）であった。

ほとんどの場合は継続雇用制度が導入されて、60歳の定年で一度会社を離れたあと、希望に応じて再雇用される。そして65歳で、再雇用契約が終了して本当のリタイアを迎えるのが最もスタンダードというわけだ。

だからといって「なるほど。65歳までは安泰だな」と考えるのは甘すぎる。

再雇用の落とし穴

再雇用による継続雇用制度では、いったん退職することになる。

60歳での再雇用となれば、非正規雇用者になるのは常だ。正社員に比べて、ぐっと給与が下がるのは当然だろう。それまであった定期昇給などなくなるし、役職手当などもゼロになる。

再雇用制度を実際に受け入れた人の話では、「労働時間は変わらないのに月給が10分の1になった」という声も聞く。実際に多いのは定年前の半分ほどがボリュームゾーンだという。まだ子どもが大学生くらいだったり、住宅ローンが残っている人は大問題となる。

加えて、再雇用の段階でモチベーションが大きく下がる人が急激に増える。

役職がなくなることは給与が下がるだけではなく、権限もなくなるし、社内外でのプレゼンスを下げることにもつながるからだ。

「50代シンドローム」をご存じだろうか。

一般社団法人定年後研究所が名付けたもので、50代を迎えるとビジネスパーソンの多くが、著しくモチベーションを低下させる現象を指す。

50代くらいになると、出世競争でトップ経営層のイス取りゲームからあぶれた人たちがほぼ明確になる。同時に、役職がなくなる役職定年や出向、あるいは後方支援といっていいようなネガティブな配置転換も起こり得る。

ただでさえ、年をとると環境の変化に柔軟に対応できなくなる。「ランチはいつも同じ店で同じメニューを食べる」とか、「洋服はいつも同じ店で同じ店員から買う」とか、年齢が上の人ほど冒険をしなくなり、ブランドチェンジをしなくなるのはそのためだ。

そのような精神状態の50代が、仕事環境をガラリと変えられ、しかも世間的には格下げの様相を呈すのは、プライドが高い人ほどきつく、つらいわけだ。

それまで「課長」「部長」と呼ばれていた立場が、突然平社員になり「さん」づけだけになる。フラットな組織が当たり前になりつつあるとはいえ、今はまだ違和感と戸惑いを覚える人も少なくないだろう。

これは労働者個人だけの問題ではない。

今現在、退職を前に配置転換などの真っ只中で、まさに50代シンドローム状態に陥っている人といえば、1986〜91年のバブル期に入社したバブル世代（1965〜1970

年頃生まれ）に当たる。当時の好景気にかまけて大量に雇用され、また年功序列が残っていた頃に入った彼らは、今や会社にいる最も大きなボリュームゾーンで、給与もプライドも高い世代だ。このボリュームゾーンがやる気をなくして生産性を下げたら、各企業にも、社会にとっても大きな損失と言えそうだ。

だから国は、そもそも55歳定年だったところを、２０１３年の改正高年齢者雇用安定法で60歳までに延長し、さらに65歳までの再雇用という道筋を立てた。

しかし、政府が思うほど、この制度は美しくまわっていない。それぞれの現場で、給与とモチベーション・ダウンに苛《さいな》まれたままの人が多いのだ。

そんな状況で施行されたのが、２０２１年の改正高年齢者雇用安定法。「70歳定年法」というわけだ。

改めて「70歳定年法」を見てみると……

２０２１年の改正は、簡単に言えばこれまでの定年を5歳上にそのままスライドさせたものだ。

【2021年・改正高年齢者雇用安定法の骨子】

次の①〜⑤のうち、いずれかの措置を講じるよう努める必要がある。

①定年を70歳に引き上げ

②70歳まで継続雇用する制度の導入

③定年制の廃止

④70歳まで継続的に業務委託契約を締結する制度の導入

⑤70歳まで継続的に社会貢献事業に従事できる制度の導入

改正のポイントをかいつまんで説明する。

まずは①〜③はこれまでの改正高年齢者雇用安定法の「65歳までの雇用確保措置」を70歳へとそのまま引き上げただけと言える。

これまで同様、「70歳まで継続雇用」を選ぶ企業が大半になると予想される。70歳まで定年を引き延ばしたり、定年制を廃止するなどしたら、ただでさえ追い出したい高給取りで伸びしろを期待できないシニア社員を長く残すことになる。それでは厳しい企業間競争に勝てないからだ。

やはり形式定年に当たる60歳（定年60歳は改正法でも変わらない）で解雇、再契約によってぐっと給与を下げるという、人件費の抑制の方向に力が向くのは当然だ。むしろ今回の改正で、その力はうんと強まるに違いない。

それは次に続く④と⑤の項目を盛り込んだことからもうかがえる。

「④業務委託契約」はもはや雇用ではない。

これまで勤めていた会社からフリーランスとなって、仕事だけを受注する形になるということだ。

「⑤社会貢献事業への従事」も同様だ。

「事業主自らが実施する」か「事業主が委託、出資（資金提供）などをする団体がおこなう」社会貢献事業への転籍を意味する。やはり会社の雇用からは外れるわけだ。

実は本項目は、これまでの高年齢者雇用安定法のなかでも、「65歳までの雇用確保措置」と銘打ってきた。しかし、今回はその名を「70歳までの就業機会確保」と変えている。「雇用確保」ではなく「就業機会確保」なのだ。

この2つに関しては、会社にとっては給料の支給がなくなるうえ、労働管理のコストもなくなる。さらには社会保険のコストもなくなるので、いかにも魅力的な選択肢だ。

労働者から見たらどうか？

まず業務委託契約のメリットはそれなりにある。完全に裁量制になるから自分のペースで仕事ができるし、仕事によっては、やればやるだけ収入が増える可能性だってある。

しかし、フリーランスだから厚生年金や健康保険といった会社の社会保険の枠組みからは外されてしまう。繁閑によって売り上げ・利益が変わるなど、会社員時代とは大違いの不安定さを味わうことにもなるだろう。少なくともこれまで会社のために尽くしてきた真面目で保守的なシニア社員ほど、この現実はこたえる。

社会貢献事業の従事も、これまでの仕事からガラリと様相が変わること、収入が下がることは確実だ。変わりたくない人ほど、厳しい道に映るだろう。

もっとも「④業務委託契約」も「⑤社会貢献事業」も労働組合からの過半数の同意などがないと導入できないルールになっている。

実際に、これらを導入する会社は極めて少ないだろう。

しかし、あえてこの2つを用意した国のメッセージは重い。

定年延長が定年を早める！

シニアにはこれまでより長く、少なくとも70歳までは働いてほしい。

企業には、シニアが70歳まで働ける環境を整えてほしい。難しければ、自分たちで用意しなくてもいい。

この「改正高年齢者雇用安定法」が伝えるメッセージは、これまでの終身雇用や年功序列を前提としたような、個人と会社の主従型の雇用関係からの脱却だ。

首相官邸のホームページには、「人生100年時代を迎え、元気で意欲ある高齢者の方々に、その経験や知恵を社会で発揮していただけるよう」と、この法律の改正に先立って実施された「未来投資会議」の議事録が残っている。

会社での雇用にこだわるのではなく、シニアの力を、社会に広く還元する。大きな価値観のシフトを促しているというわけだ。


とても美しいし、正しい道筋だ。

元気なシニアは増え、社会に貢献したい人も多い。

しかし、企業はこのメッセージをどう受け止めるだろうか。

断言しよう。ノーだ。額面通りに従わないだろう。

繰り返しになるが、企業は売り上げ・利益を上げ続け、ステークホルダーの期待に応えることが至上命題だ。できるだけシニア世代に活躍してほしいと本気で思っているとは思えない。そんな時間と金があるならば、若い世代に投資したいのが本音だ。

こんなデータからも見て取れる。

定年後研究所が２０１９年に実施した調査によると、「モチベーションアップ、創造性開発、自己発見、自己啓発などに資する研修」を実施していると解答した企業は48・１％にのぼるという。

しかし、そうした研修を「50代以上の社員を対象に実施している」のはわずか６％に過ぎなかった。ほとんどが「男性の新人・若手・幹部候補社員を対象に実施している」（42・８％）のだ。

企業はシニア社員に期待も投資もしていない。その状況で、国が「70歳まで働かせる環境をつくれ」と企業に丸投げしてきた。ただし「自社で雇用しなくてもいい」と逃げ道もにおわせている。

企業は必ずこう思うだろう。

「早めに中高年社員を追い出そう」

繰り返しになるが、生物学的に心身が衰える自然定年の45歳はいつの時代も変わらない。これが定年55歳だったなら、45歳の社員に対して「会社に貢献してくれたし、あと10年は役に立たなくてもいてもらおう」と考えられた。余裕もあった。

けれど、余裕がなくなった今の日本企業が「70歳まで働かせろだって？　あと25年も体力、知力の落ちた社員を置いていられない！」と考えるのは極めて自然なことだ。

企業は意識的に追い出しのために努力をはじめるに違いない。

早期退職制度は目に見えて増えるはずだ。

仕事で成果を出しても、給料は年々下がる

役職定年などはもっと一般的になっていくだろう。

役職定年は再雇用制度の1つとして、一定年齢になった社員の役職をなくし、平社員からリスタートする制度だ。役職手当が削られるため、企業側の給料負担を自動的に減らす

ことができる。

経団連が２０１５年５～６月に実施した調査によると、役職定年制の導入割合は48・3％だという。

もっとも、昨日まで「課長」だった人が、平社員となって、後輩や部下と同列、あるいはむしろ職級が下になるのはプライドの高い人にとってはつらい状況になるだろう。役職定年を機に、改めて現場仕事に嬉々《きき》として取り組む人もいるが、そのまま退職する人も少なくない。


役職定年ではなく、別の仕組みで給料を減らすシステムもある。ある大手メーカーでは、はなから「40歳を過ぎたら定期減給する仕組み」を導入している。

入社して39歳までは基本給が毎年アップしていくのが基本。しかし、40歳を境にベースアップはストップし、今度は下山するように毎年少しずつ下がっていくのだ。

シンプルな仕組みでスッキリはするが、役職が変わらない人、あるいは子会社の代表になるような人材まで同じように給料が減っていくので、やはり不平不満は出る。

子会社の社長になった人が、その人のおかげで子会社の業績をうんと上げたにもかかわらず、「定期減給のせいで、やってもやっても毎年給料が下がる」とボヤいていた。

何にしても「70歳定年法」はそのリミットに近い69歳よりも、46歳の人間を対象にした法にさえ思われる。

企業がこれまでより露骨に年齢によるふるい落としをし、中高年社員を追い出しはじめるトリガーを引いたとも言えるのだ。

愚策と言ったのは、こうしたロジックが透けて見えるからだ。

「70歳定年」を打ち出した国の思惑

「しかし、70歳定年法は〝努力義務〟だと聞いた。従わない企業が多いのではないか」

そう思われる方もいるだろう。

確かに「70歳定年法」は、「努力義務」とされている。しかし、予言しておこう。数年後には、必ず義務化される。努力義務と伝えながら、後日さりげなく義務化するのは、国の常套手段であるからだ。

先に挙げた「65歳定年」を義務化した２０１３年の改正高年齢者雇用安定法も、当初２０００年に〝努力義務〟として採択されたものだった。

さらに遡れば、１９９８年に義務化された「60歳定年」も、それ以前の１９８６年に〝努力義務〟だったものが変わったものだ。

国がそこまでして70歳定年を必ずやり遂げるのは、避けられない大きな課題があるためだ。言うまでもなく、崩壊寸前の社会保障システムのことだ。

年金、医療、介護などに充てられる社会保障給付費は、２０１８年度は１２１兆５４０８億円だった。これは１９５０年から右肩上がりで伸び続けている数字だ。少子高齢化の大きな問題の１つになっている。このまま高齢者人口が４０００万人近くになる２０４０年には、社会保障給付費が１９０兆円に達する試算もある。

社会保障給付費は、社会保険料と税金などから充てられる。働く人間が減れば、当然、社会保険料と税金は減る一方だ。それだけではなく、給付を受ける高齢者がどんどん増えて社会保障の仕組みそのものが崩壊する。

だから国は何とかしてシニアを働かせたい。

高年齢者雇用安定法の改正は、社会保障の崩壊を後ろ倒しするための施策なのだ。

同時にほかの手も打たれている。

老齢厚生年金の支給開始年齢は現在65歳だ。70歳まで働くのがスタンダードになれば、当然、これも70歳にまで引き上げられるだろう。首相官邸ホームページでは、「年金について「支給開始年齢の引き上げはおこなわない」とある。しかし、すでにお伝えした通り、あとからさりげなくひっくり返すのが、この国の得意技だということを、忘れてはならない。

「老後2000万円問題」の背景にあるもの

その布石に見えることがある。2019年6月、金融審議会市場ワーキング・グループが発表した、「高齢社会における資産形成・管理」報告書の存在だ。

いわゆる「老後2000万円問題」である。

「収入と支出の不足額約5万円が毎月発生する場合には」「30年で約2000万円の取り崩しが必要になる」とあり、これが「老後2000万円問題」としてメディアでも大きくクローズアップされた。

老後2000万円が必要かどうか、足りないかどうかは個々人の貯蓄額や生活費の差異があるため、十把一絡《じっぱひとから》げには言えない問題だ。ただ、この報告書が話題になったことで「年金だけで悠々自適なんてもう無理ですよ」「社会保障費を補填《ほてん》するため自分たちでなんとかしないとまずいですよ」という強烈なインパクトを与えたことは確かだ。

「もう年金制度はギリギリです。だから支給年齢を引き上げても仕方ないよね」というコンセンサスを取ろうとはかった面もあるのではないだろうか。
そしてあとは企業に任せたと「70歳定年」とともにそのメッセージを届けた。

企業はそれに抗い、シニア社員を本気で追い出しにかかる。

だから、もう国が言うこと、会社が言うことだけを信じていてはいけない。

人生の後半戦に向けて、自律的に、新しいキャリアパスを形作るべきなのだ。

戦略的「腰掛けシニア」も1つの正解

年金の話が出たのでついでにお話ししておくと、2022年にもう1つ大きな変化がある。

「老齢厚生年金の支給停止基準」が変わるのだ。

老齢厚生年金の支給開始は65歳からだが、60歳から65歳未満で、企業で働いている人、つまり厚生年金被保険者は、毎月の給料と年金の基本月額の合計が28万円を超えた場合、超過分の厚生年金の半額がカットされる。

しかし、この額がアップする。

2022年4月からは60歳から65歳未満の厚生年金被保険者は、毎月の給料と年金の基本月額の合計が47万円になるまではカットされなくなるのだ。

これまでは会社に勤めながらあまりに多く給料をもらうと、年金の一部をもらい損ねることがシニア就労の足かせの1つになっていた。しかし、このハードルをぐっと下げることで、シニアの就労を後押しする狙いがあるわけだ。

最近「腰掛けシニア」という言葉を知った。2020年12月12日付の日本経済新聞で紹介されていたのだが、「定年後にやる気をなくしたまま企業にしがみつく社員のこと」らしい。

こうした状況になるのを防ぐため、あるシステム開発会社では、定年後に再雇用した社員の給与を一律にするのではなく、仕事の内容や成果に応じて変化をつけるようにしたという。記事には、定年後、契約社員として再雇用を受け入れ、海外でバリバリ働く男性の例も紹介されていた。年収は2～3割減ったが、実績に基づいて賞与も出る、場合によっては昇給もあるということで、高い意欲を持って働いているという。

すばらしい生き方だと私は感じた。「腰掛けシニア」の道を選ぶことなく、自律的にキャリアを切り開こうとするこの方のケースは、1つの理想的なあり方ではないか。

理由は、第一にどんな場所でも待遇でも「働き続けられること」は人にとって最上の喜びであるからだ。

人は誰かの役に立つことに無上の喜びを感じるものだ。それは自らの存在意義を肯定されることにほかならない。再雇用の形でも会社に居続けられる、仕事を続けられるなら、それを受け入れるのは正解だ。

第二に「定年を迎えてからの転職がこれまで以上に厳しい状況である」からだ。

詳しくは次章で述べるが、シニアも働け、70歳まで働け、とメッセージを送る割に、その受け皿は極端に少ない。定年間際に「さっさと次の転職先に」というほど、物事は簡単に進まないからだ。

ならば、かつてと条件は違えど、まず今いる会社に居続けるのはベストチョイスである。

シニアが転職をするときに「仕事のブランク（空白）」があることはマイナスポイント

になる。採用の現場では、いつでもブランクが最も嫌われる。

「ビジネスの現場から離れていたということは、仕事の嗅覚も鈍っているに違いない」

「転職先が見つからないような能力が低い人材かもしれない」

「何かしら問題を抱えた扱いづらい人に違いない」

働き続けていれば、こうしたネガティブな印象を与えることはない。

少ないチャンスかもしれないが、働き続けながら、仕事人生の後半戦にふさわしいスタイルと居場所が見つけられることもあるだろう。


仕事で目覚ましい成果を出せなくても、与えられた仕事を淡々とこなす「戦略的な腰掛けシニア」として、会社に貢献し続けられるのであれば、それもまた1つの働き方だ。

仕事人生の後半戦は、これまでのように「給料」「肩書き」「仕事内容」を追いかける「競争社会」を生きるのではない。それは新入社員から「自然定年」の45歳を迎えるまでの血気盛んな人々が生きる社会だ。そこに腰掛けシニアが挑み、戦おうとしても、負け戦になることは目に見えている。

シニアになると、違う社会にシフトする。社会で必要とされ、誰かの役に立ち、自分の新しい価値を見出し、豊かで幸せな時間を過ごす「共存社会」だ。

競争から共存へのトランスフォームだ。

それは組織のなかで競う前半戦の厳しい戦い、誰かを蹴落として自分だけが生き残る厳しい社会ではない。会社や社会の誰かの役に立つ場所を探し求め、自分も周囲も活かしていく、調和した世界である。

では、自分の力はどこでなら必要とされるのか。

誰に対して役に立てるのか。

本当に自分が求める幸せとは何なのか。

定年前から考え、備えておかなければそれはつかみとれない。会社にいながら早めにそれに気づけるかどうかが、後半戦の行く末を左右するのだ。

◆第3章◆

コロナはシニアの転職をどう変えたか

コロナ禍が転職市場に与えた影響

今や転職は、若い人だけのものではない。

「70歳定年法」によってシニア層に対する企業の追い出しが加速することを考えると、役職定年を迎える40～50代、定年後の再就職を目指す60歳以降の人にも関わってくる。転職市場の現状を知っておくことは、「定年格差」を乗り越えるために不可欠だ。

昨今、転職市場は「売り手市場」といわれてきた。

少子高齢化で生産年齢人口が減り続け、慢性的な人手不足を抱えているからだ。

しかし、コロナ禍が状況を変えた。

観光、飲食、インバウンドなどをはじめとした多くの産業が売り上げ・利益を減らし、当然のように採用を控えたからだ。パーソルキャリアの調査によると、コロナ禍がはじまった２０２０年の転職者数は３１９万人。前年に比べて約１割減らすことになった。

もっとも、新型コロナウイルスのワクチン接種がはじまった２０２１年の春を境にこの数字は回復基調に入っているという。

背景にあるのは、コロナ禍明けを見据え、前年に採用を抑制した分、人材の取り合いが少なからずあり得ること。また多くの産業がＤＸを推進。ＩＴ系を中心に産業をまたいだ人材の流動化が進んでいること。それらに加えて、テレワークが増えたことで、転職活動がしやすくなったことも大きいだろう。

同僚や上司の目を気にすることなく、頻繁《ひんぱん》にスカウトメールのやりとりやエージェントとのやりとりができるようになった。また、オフィスから離れて１人黙々と仕事する機会が増えたことで、改めて自らのキャリアを見直す機会が増えたことも後押しになりそうだ。企業側もオンラインでの面談が増えたことで、採用活動の時間とコストのハードルが低くなった。

いずれにしても、転職市場は少しずつ上向きはじめたことは確かだろう。

私は小さな人材紹介会社を経営している。それでも1000社ほどの取引先があり、今も300社ほどから「いい人材はいないか」と引き合いがある。1社につき3件以上の求人案件がくるのがスタンダードなので、約1000件に近い求人案件が動いているわけだ。

転職市場の主役は30代～40代

しかし、である。

この本の読者層と想定する中高年層を切り取ってみると、また違う景色が見えてくる。

まず20代の転職案件は10％弱といったところか。意外に少ないのだ。ほとんど大きな実績を出していない20代の若年層は転職市場ではさほど重視されない。伸びしろ、つまりこれからどれくらい成長するかのみで判断される。言い換えれば、新卒や第二新卒とそれほど変わらないので、積極的に採るほどでもないのだ。

30代はどうか。実は40代とあわせて、この層が最も転職市場で人気が高い。

なぜか？

30代から40代が、「即戦力である」ことに尽きる。

かつてのようにじっくりと研修期間をとり、OJTも丁寧にして若手を育てるような企業は減った。そこにかけるコストも時間も余裕もなくなったからだ。だから、とにかく企業は即戦力がほしい。

30代、40代ならば、すでに前職でどれほどの実績を上げているかがわかる。スキルや知識も十分得ているだろう。とくに30代はまだ若さがある。体力、知力とともに挑戦心も強いため、持っているスキルを、また別の場所で発揮できる「ポータブルスキル」を活用する伸びしろまである。だからこそ、この年代は転職市場で最もホットな層になる、というわけだ。

50代～60代の仕事はないに等しい!?

では、50代、60代はどうなのか?

残念ながら、需要はほとんどと言っていいほどない。

50代を過ぎたビジネスパーソンで、すばらしい実績の方はもちろん多い。スキルも知識も存分に持っている方も大勢いる。

しかし逆に言うと、「完成されすぎている」のだ。

第1章でお伝えしたように、人は45歳を境に体力、気力、挑戦心が急激に衰えてくる。多少の時間差はあれど、「自然定年」と呼ぶ状況が必ず訪れる。50代となれば、伸びしろはほとんどない。いくらすばらしい実績とスキルを身につけていても、いつまでも実戦の場で最前線に立ってもらう強度がない。

プロ野球選手を思い出してもらいたい。

新人の頃から大活躍。すばらしい成果を残し、守備もバッティングも走塁もバッグンな選手がいたとしよう。20代、30代前半までは常にレギュラーで活躍。試合での駆け引きを重ねることで、経験という武器まで手に入れてきた。しかし、30代後半になればプロ野球選手としての体力は衰える。

まして40代中頃まで活躍し続けられる人は稀《まれ》だ。

あのイチロー選手ですら、45歳で引退したのは示唆的だ。

イチロー選手はスキルも経験もすばらしいままで、その功績は今も残る。しかし、だからといって、今もマリナーズやヤンキースやオリックスは彼を一軍の選手として受け入れられるだろうか。誰しも「自然定年」には抗えないのだ。

あなたも、イチロー選手のように、それぞれの持ち場ですばらしい実績を上げてきたことはゆるぎない事実だろう。

しかし、それが未来永劫《えいごう》続くことはない。少なくとも、企業があえて50代、60代を〝選手登録〟したいと思うことは少ない。

繰り返そう。企業がほしいのは、若く伸びしろのある「即戦力」なのだ。

シニアを待ち受ける〝年齢の壁〟

「そんなことはない！　私は50代で転職エージェント（人材紹介業）に登録したら、『すばらしい経歴ですね。いい会社があればすぐにでも紹介します』と言われたぞ」

そう反論する方もいるかもしれない。

よくわかる。

しかし実は、その言葉こそが「人材紹介業のルール」に則《のっと》ったものなのだ。


1つは2007年10月に改正された雇用対策法だ。

「事業主は労働者の募集及び採用について年齢に関わりなく均等な機会を与えなければならない」と決まった。つまり求人票に「年齢不問」と書きながらも年齢を理由に断ったり、書類選考や面接で年齢を理由に採否を決めることは、違法行為になった。

だから、表立って「50代以上の人はいらない」などとは絶対に言えなくなったのだ。

表立ってないだけで、厳密には年齢制限はしっかりと残っている。企業は決してそれを理由に断ることはないが、我々のような人材紹介業のところにくる案件には、必ず年齢が設定されている。

IT化の進展は、この年齢制限をよりドライに突き進めている側面がある。

転職希望者は生年月日を含めた履歴書、職務経歴書のデータを人材紹介会社に提出する。転職希望者はこの段階で、デジタルデータとなる。だからエクセルのソート機能を使うように、簡単に「49歳以下」「30～39歳」などとスクリーニングできるようになった。実に効率的だ。

しかし、そこに性格やキャラクターは反映されない。それは面談など次の段階で見られる。ひどい話である。こうして見えない年齢差別が横行しているわけだ。

加えて、人材紹介業は国の許可登録制となっている。勝手に人材紹介業をはじめてはいけないのだ。そのため、厳しい指導方針が厚生労働省から示されている。

その代表が「求人希望者を断ってはならない」ことだ。

人材紹介業の門を叩く者があれば、必ず親身になって希望を聞かねばならない。自社に入ってくる求人情報を進んで案内しなければならない。これがすべてルールとして、指導方針として定められている。

だから、人材紹介においては「残念ながら紹介できる仕事はありません」と言われることはないのだ。

日本の人材紹介業の矛盾点

では、なぜそんなルールがあるのか。

人材紹介業は、間違った使われ方をすると、人身売買になりかねないからだ。

古来、奴隷商人や人買いというビジネスが日本を含めた世界中にはあった。

近代になると、人権が尊重されるようになり、人身売買は禁止となった。しかし、労働においても必ず人手は必要になる。企業は人権を尊重したままフレキシブルに労働力としての人を集めることはできないか、というニーズを持っていた。そこで人材紹介業は、法律のもとで厳しく制限をされた形で設計されるようになったわけだ。

労働者から見たら、もちろん勤労の権利がある。

日本国憲法の第3章第27条に、「すべて国民は、勤労の権利を有し、義務を負ふ」とある。働きたい人は誰しも平等にその機会が与えられる権利を持っている。そして、働いて社会に貢献することはまた義務でもあるのだ。

もともとこの役目は国が手掛けていた。職業安定所、今のハローワークはそのためにある。また職業安定法によって規制され、ハローワーク以外の民間の人材紹介業はほとんど営むことができなかった。具体的には経営管理者や高度技術者のみ民間の人材紹介が許されていた。

大切な労働の権利と義務を担うため、また前述のように人身売買につながるのを防ぐため、というのがその理由である。

潮目が変わったのは1997年。ILO（国際労働機関）の有料職業紹介所に関する条約を改正、民間事業所条約を採択した。この流れから1999年には人材紹介会社の規制緩和がはじまって、限定されていた人材紹介業の幅が一気に広がり、営業や販売職や一般職を含めて「原則自由化」されたのだ。

こうして我々のような人材紹介会社が大量に生まれた。

もちろん転職者が最初にアプローチするのは、圧倒的に求人情報サイトが多いだろう。ちなみに求人サイトは我々のように厚生労働省から認可を受ける必要がない。人材を紹介するのではなく、人材を求めている企業の広告を掲載する「メディア」であるからだ。それは求人サイトが、求人情報誌や求人フリーペーパーをルーツとしていることを考えるとわかるだろう。

そのため求人サイトは多くの人材紹介会社と契約をしている。自社で人材紹介会社を運営している求人サイトも増えてきた。

いずれにしても求人サイトに登録された情報は、一斉にそれらの人材紹介会社に伝わる仕組みだ。求人サイトは人材紹介はできないが「人材紹介会社への紹介」はできるからだ。

ちなみにその人材紹介会社のクライアントは、求人サイトと同じく企業である。1人紹介して採用となったら、企業から採用者の想定年収の10～40％を受け取る成功報酬型が一般的だ。

その「人材紹介」は誰のためなのか

一方、転職希望者は人材紹介会社に一銭たりとも支払わなくてよい。労働基準法第６条、職業安定法第32条の３第２項で、人材紹介会社は「求職者から手数料を受け取ること」が禁止されているからだ。ちなみに求人サイトも転職希望者は無料で登録でき、転職できても手数料などを支払う必要はない。

理由は、先にも触れた人材紹介業のルーツにある。貧困に苦しむ親が子どもを売ったり、借金漬けにして強制労働をさせたりといった、かつての人身売買のようなことが起こらないような設計がなされているのだ。

正しいと思う。しかし、このことが転職希望者の多くには広まっていないことが問題なのだ。自分たちこそが、人材紹介会社のクライアントだと勘違いさせてしまっている。違う。人材紹介会社はあくまで企業に頼まれて人材を探しているのだ。

また、こうした法律に則って、人材紹介会社は求職について具体的な介入をしてはならないとも決まっている。代理行為の禁止だ。

「ここにこんな求人があります」「年俸は500万円です」「募集している職種はこんなものです」といったファクトは伝えられる。しかし「あなたならこの会社がふさわしい」「もっとこうしたらこの会社に入れますよ」とより具体的なカウンセリングは〝建前では〟してはならないことになっている。

人材紹介会社としては、直接、門を叩いてくれた転職希望者が50代以上であれば、最も大切なファクトを伝えたい。

「そもそもの求人はほとんどないこと」

「年齢データだけ見てふるい落とされること」

しかし、こうした厳しい現実は、直接1人ひとりに伝えることが許されないのだ。

思い出してほしい。

それでいて、人材紹介会社は「求人希望者を断ってはならない」と定められているのだ。

どう考えても矛盾している。

だからこそ、私たちは仕事人生の後半戦のキャリアを、自分で、自律的につくり上げていく必要がある。会社も国も、人材紹介会社のキャリアコンサルタントも、本当にあなたのことを考えて味方になってくれるわけではないのだから。

ジャンボジェット機のパイロットはヘリを乗りこなせない

「それなりの大企業で役職も得た。中小企業に転職すれば、そのマネジメントのノウハウが活かせるのではないか?」

大企業の転職希望者がよく抱く夢がこれだ。

かつての高度成長期の頃ならば、まだまだ経営が未成熟な企業がそこかしこにあった。だから、大きな組織やプロジェクトをまわすノウハウは、大企業でしか持ち得ない面が多かった。天下りのように中小企業で経営手腕をふるう。そんなセカンドキャリアのよきストーリーが聞こえる時代があったことは確かだ。

しかし時代は変わった。

大企業でしか経営やマネジメントのノウハウが積み上げられないことはもうない。むしろ形骸化した大企業よりも、1人で多くの業務に携わらざるを得ない中小企業のほうがよほど多能でハードなビジネスのノウハウが積める。

泥臭い営業も、エクセルやワードを使った資料づくりも、アポイントも、経費処理も、経営戦略も、部下の指導も、場合によってはパソコンのセッティングなどまで、1人でやるのが中小企業だ。


そう考えると、とくに大企業でマネジメント職を積んできた、役職が上の50代以上の人間ほど、厳しい現実が待っていると言える。

泥臭い営業は若手かあるいは外部に任せ、資料づくりやアポイントは長らく自分で手掛けたことはない。パソコンも満足に使えない。そのくせ、その場所でしか通用しないマネジメントを見当違いな場所で披露されるのは、中小企業にとってたまったものではないからだ。

私の人材紹介会社には、今はメールでアクセスする人が増えたが、かつて電話で依頼が入ることが多かった。そこにかけてくる電話で、「ああ、これは大企業のそれなりの役職がある人だな」とピンとくることが多々あった。

かかってきた電話にこちらが出ると、「もしもし。○○をしていただきたいのだが」「○○さんいますか?」と話しはじめる。自分が何者かを名乗らないのである。

明らかに長い間自分で電話をかけたことがなかったのだろうとわかる。電話は秘書や部下が取り次ぐか、相手からかかってくるものだったに違いない。そのマナーが問題なのではなく、そのようなビジネスの最前線から離れた場所でしか仕事をしてこなかった事実こそが問題だ。もう戦力から離れた人なのだなと感じさせてしまう。

ボーイング747のようなジャンボジェット機は、すばらしいテクノロジーが集結した飛行機だ。数百名を遠く地球の反対側まで輸送する大切なミッションを果たすことができる。そのパイロットは尊敬されてしかるべき存在だ。

ただ、だからといってジャンボジェット機のパイロットが、小さなヘリコプターを同じように乗りこなせるかというと、まったく違う技術を使う。

もとより、747の多くは自動運転ですむ。大きな飛行機を運転できるからといって、小さなヘリの運転は楽勝などではない。

大きな会社をまわしてきた人間が、小さな会社を簡単にまわせるはずなどないのだ。


守秘義務があるため、いくつかの加工を加えてエピソードで伝えよう。

Aさんはある大手企業の経営企画を手掛けてきた人だった。

50代も後半になり、役職だけが剥奪《はくだつ》されて給料の安い平社員として働く「役職定年」になったこともあり、私のもとに相談に訪れた。

長年、事業のM&Aを指揮してきた。AさんのM&A戦略によって、その会社は市場の変化に柔軟に対応して事業を伸ばし、生き残ってこれた。自他ともに認めるAさんのすばらしい功績だ。

「自分の腕を買ってくれる、M&Aを手掛ける企業に転職したい」

Aさんは年齢を感じさせぬ輝くような瞳でそう訴えた。

しかし1年後、同じ瞳を見ることはなかった。スカウトメールはほとんどなく、うまく求人までこぎつけても先へ進めなかった。実績は確かにある。ノウハウも積んでいたようだ。ただし、それらはすべて「優秀な部下がいてこそ輝いたノウハウであり実績」だったからだ。今1人で、ゼロからM&Aを企画して、そのプロジェクトを仕切れるのか。膨大で複雑なデータを集めて、自分の手で解析してM&Aの判断ができるのか。答えは明らかにノーだった。

大企業で出世の階段を上り詰めた人こそ自覚したほうがいい。時代は今この瞬間も刻一刻と変わり続けている。過去の栄光は、その当時を切り取った栄光でしかない。時代は変わるのだ。

1%の成功者の共通点

かように50代以上の転職は極めて厳しい。

企業はこの年代の求人をほとんど出さない。

また、仮に収入面はクリアできても、その転職が自分の幸せに結びついている人は、どれだけいるだろうか。

99%はうまくいかない。しかし、99%がうまくいかないということは、その反対側に1%のうまくいった人もいるということになる。


私は本来、こうした事例を取り上げて、「これをすればよいのだ」というレトリックを使うのは好まない。なぜなら、中高年世代はキャリアもキャラクターも千差万別で、1つの定型には当てはまらないからだ。

それでもうまくいった事例を並べてみると、数少ない50代以上の転職の成功者には、いくつかの共通点が見えてくるのは確かだ。

具体的な何かを抽象度を上げて解析すると、真理が見えることがある。

そこで、これから数名の「1%の成功転職者」を挙げたい。

そのまま真似をせよということではない。一度、彼らの行動を俯瞰《ふかん》して見てほしい。

50代以上の稀有《けう》な転職成功への道筋が、あるいは仕事人生の幸せな後半戦の大いなるヒントが浮かび上がってくるはずだ。

研究者からベンチャー支援への転身

Bさんはシンプルなパンツスーツを着こなしたスマートな女性だ。私の会社を訪ねてくれたのは55歳のとき。新卒で入った某大手メーカーの研究員でマネジメント職まで駆け上がった人材だった。Bさんの年齢でそこまで上にいくのは相当な努力をされたのだろう。しかも専門的な知識はもちろん、大きな研究所でいかにして人心をつかむかにまで精通しているようだった。またBtoC（ビジネス・トゥ・カスタマー）向けの製品を手掛ける会社だったため、マーケットのニーズにも敏感で、少し前職の話を聞いただけでも、引き込まれるような視座の高さも持っていた。

これだけの人材なので、今いる会社からも「まだまだ会社に残ってくれ」と言われていたが、本人は「外の世界を見たい」と考えていた。

これまでやってきたような大規模な研究設備を使って研究開発するような仕事は、もう年齢的に難しいのはわかっていた。ただこれまでの経験と知識も含めて、別の場所で活かせるならば活かしたい。

役職なんていらない。給料は減ってもかまわない。

しかし、あと10年、20年は働ける場所がほしい。自分をまだ世の中に役立てたい、というのだ。

私はBさんの魅力を強く認識しながら、しかし、50代以上の求人がほとんどないなかで頭を抱えた。エンジニアや研究職を求める企業は多いが、やはり50代という〝数字〟だけで箸にも棒にもひっかからない事実はあるのだ。

ここまでの高いスペックでも、50代以上の転職は大変だということだ。

そんなとき、既知の某国立大学で大学発のベンチャー支援をしている人間に「こんなすばらしい方がいる」と声をかけてみた。「ぜひ会ってみたい」というので、Bさんにも伝えると「喜んでまいります」と翌週には面談に向かった。

そしてその週末、Bさんから弾むような声で電話が入った。

「お世話になることに決めました」

給料は前よりも3分の1ほどに下がるはずだ。仕事は未知の世界。ただそのベンチャー支援事業の仕事は、優れた製品・技術の要件は何たるか、企業の投資を得られる勘どころはどこか、マーケットの潮流はどこに向いているかなど、おおよそBさんが培ってきたノウハウと重なるところが多かったというのだ。

Bさんは続けて言った。

「何かやりたいとは思っていたけれど、ベンチャーの応援なんて考えてもいませんでした。どこに居場所があるのか、わからないものですね」

今はそのベンチャー支援の会社に副業という形で従事している。前職の会社からやはり強く慰留されたため、週に数日は研究所に勤務しているからだ。ダブルワークとなったため、1社からの収入は低くとも、合算すれば十分になる。ずっと1社で働いてきたBさんにとって、二足のわらじ体験そのものが新鮮でもあり、また前からいた研究所のよさも改めて感じ入るいい機会にもなったという。

「研究所からソフトランディングしたら、また別の仕事場があるのではないか。まったく別の業種を覗いてみたいです」と、Bさんはいきいきと語っていた。

あえてそれまでとは違う道を行く

大企業に勤める優秀なエンジニアだったCさん。55歳で役職定年を迎えると、小さな企業で技術指導の仕事に就いた。

給料にはこだわらず、「何でもやります」と言っていたという。私の経験上、こういう人は仕事が決まるのが早い。年収は半分以下になったが、エンジニアとしての手腕を買われ、後進の指導に当たることになった。

定年後も自分の能力を活かして働ける人が少ないなかで、Cさんはいいところに転職できたものだ、と私は思っていた。

しかし私がCさんを転職成功者として紹介した理由は、これではない。

実はCさんは今の会社に入社するとき、「3年勤めたら、そのあとは近所の物流センターで商品をピックアップする仕事をしようと思っています」と言っていた。半ば冗談だろうと思っていたのだが、数年経ったある日、Cさんが私のもとを訪ねてきた。

「今の会社に入って、来年で3年目です。ただ、まだまだ若手が経験不足なので、もう少し残ってくれないかと頼まれまして……あと2年、勤めることになりました。でもそのあとは、前にもお話しした通り、物流センターで働くつもりです」

Cさんは決して冗談ではなく、本気で別の道を行くと決めていたのだ。驚いた私は言った。

「さらに延長してほしいと言われるかもしれないでしょう。だったら今のところに居続けるのも悪くないんじゃないですか」

しかしCさんは、笑いながら首を振った。

「これまでの人生、ずっと座りっぱなしでしたから、今度は体を使いたいんです。まだまだ体力はありますから、60歳を過ぎたら、頭より体を使う仕事に切り替えます」

聞くと、Cさんのなかでは、60歳まではこういう仕事をして、65歳からは……というふうに、すでにプランニングができているという。

人生という限られた時間のなかで、それまでやったことのない仕事をしてみたい。Cさんの決意が揺らぐことはなかった。

それまでいた会社で、若手社員を育て上げたCさんは、今は新しい職場で汗を流している。

つい最近も、「エンジニア時代よりも若返った気がします」という近況報告のメールを送ってくれた。

もう1人、定年後に畑違いの転身を遂げた人を紹介しよう。

大手証券会社で支社長にまで上り詰めたDさんだ。

「御本を読ませていただきました。私も同感です。今までの延長で働いても、給料が減るだけですね。だから、全然違う仕事をすることにしました」

突然私を訪ねてきたDさんは、晴れ晴れとした表情で話してくれた。

証券会社で大きなお金を動かすことに、やりがいを感じる人もいるだろう。しかしDさんは、「直接誰かの役に立っている」という実感を、年々感じられなくなっていたという。そこで次に選んだ仕事がタクシー運転手だった。

もともと、車を運転するのが大好きだったという。お金の計算をするより、よっぽど性に合っている。給料は大幅に下がったけれども、好きなことでお金を稼げることが嬉しいと話してくれた。

「何より、お客さんに毎日『ありがとう』って言われるのが、嬉しいんですよ」

定年という年齢の壁を軽やかに飛び越えたDさんの笑顔が印象的だった。

【共通点1】仕事をより好みしない

以上、3名の稀有な例、1%の50代以上の転職成功例を見ていただいた。

ここでいう成功例とは、必ずしも収入の高さではない。「その仕事が、自分を幸せにしているか」ということだ。

共通点は3つある。

1つは「仕事のより好みをしていない」ことだ。

前職で積んだ知見、スキルがすばらしい、などという話ではない。そうした積み上げた経験を活かすには、まず場が必要だ。「自分の営業スキルはこういうところに活きるはずだ」「管理マネジメントの手法は、やはりシステム系の仕事じゃないと」などと幅を限定するのは可能性を狭めることでしかない。

むしろ、これまでの仕事の延長線上に可能性はない。

再三言っているが、45歳前後で「自然定年」を迎えるのが人間の宿命だ。それまではまっすぐに仕事をし続けることがそのまま成長につながったし、市場や会社が求めるニーズとも合致していた。しかし、体力と気力が衰えた45歳以上の人間は、それまで走ってきた急勾配の道を速いスピードで駆け上がることはできなくなる。

転職においても、同じような道を求めてはならない。自分がしんどくなるだけだし、企業からも求められていない。

しかし、少し視野を広げると、まだあなたが走れる道はあるのだ。

大手メーカーの研究所のマネジメント職からベンチャー支援の会社に移ったBさんはまさにそれだ。「これまでと同じ研究職は続ける自信もやる気もない」と早くからとらえていたのは慧眼《けいがん》だ。「外の世界を見たい」という好奇心もすばらしい。

研究そのものの知見は活かせないが、ベンチャー支援という多角的なものの見方が必要な仕事と偶然に出会い、より好みせずに飛び込んだことで、結果として前職で得た意外なポータブルスキル、ユーザー目線を持ったプロジェクトの企画や投資を集めるためのプレゼン能力などが存分に活きることになったわけだ。

エンジニアから物流会社へ行ったCさんも同様だ。これまでの職場、仕事、産業の延長線上で転職先を探すのではなく、むしろ「まったく違う仕事がしたい」と考えていた。

ホワイトカラーからブルーカラーへの転身というのは、抵抗がある人がいるかもしれない。しかし、仕事に貴賤《きせん》なし。それまで知らなかった世界に、新しい楽しみが見出せるかもしれない。

【共通点2】給料の高さにこだわらない

2つ目の共通点が「給料が下がってもかまわない」という覚悟だ。

50代以上で、なかなか転職先が決まらない人に共通するのが「高給にこだわること」である。

45歳前後の「自然定年」の段階で、私たちは体力、気力が落ちてもう今まで通りには働けなくなる。

これまでは右肩上がりで成長と給料が増えてきた。しかし、その思い込みから脱却するのは難しいものだ。仮に住宅ローンがさほど残っておらず、子どもたちの学費の心配がなかったとしても、「年間でこれくらいの高収入を得ていた」ことはビジネスパーソンの承認欲求とも強く結びついている。「給料額＝自分の価値」だと勘違いしがちになる。

すると、転職先に以前よりうんと低い給料を提示されると、「自分はそこまで価値の低い人間ではない!」とプライドを傷つけられるわけだ。

ここには2つの間違いがある。

1つは、仕事人生の前半で積み上げてきた給料の高さは、前職のその場所にいた時点でのあなたの価値でしかないということだ。そこで積んできた長年の功労や、役職者として業務とはまた別の労苦があることに対する対価でしかない。

別の会社に移ったら、それはすべてリセットされる。

2つ目の間違いは、そもそも給料の高さが人間の価値ではないということだ。もちろん、幸せとも比例しない。

BさんもCさんもDさんも、すべて給料が転職前に比べたら大幅に下がった。その条件を提示しても「関係ない」と明言したため、スクリーニングされなかった。なかには、年収を伝えた段階で断りを入れてくる人もいる。そういう人は、なかなか仕事が決まらない傾向がある。

加齢は忖度《そんたく》することなく、時間と足並みを揃えて進む。本当に給料にこだわっているならば、「一番若い」今、決断したほうが、長い目で見れば正解だ。

【共通点3】ワクワクすることを軸にする

仕事人生の後半戦は、「実質定年」だと書いた。

そこですすめたいのが、それまで積み上げたプライドや数多くの実績を捨て去って、もう一度、新卒の気分で仕事人生をやり直すことだ。

新卒の頃、どのように就職先を決めただろうか。

世間体や給料のよさ、ブランド力や将来性なども加味したかもしれない。

しかし、最後のひと押しになったのは、「今、最も興味がある仕事か」「かつて憧れていた職業か」「どこかで見聞きして、興味があったことか」といった数値化できない気持ちだったのではないだろうか。

ワクワクする、ときめく、心躍る。そんな原始的な興味、関心だ。

幸せな転職を果たした彼らの最後の共通項は「ワクワクすることを軸にして転職を決断している」ことに思える。

仕事人生の後半戦、第三新卒のようなリスタートを切るならば、改めてそんなワクワクする気持ちを行動指針にすることが、後悔しない働き方、生き方につながる。

好きなこと、心惹かれること。それこそを大切に転職先を選ぶのだ。

だからこそ先に挙げた2つの成功条件、「仕事をより好みしない」「給料の安さにこだわらない」もモチベーションとして機能するとも言えそうだ。

Bさんはまさか自分の研究者としての知見が、ベンチャー支援に活きるとは思わず、その違いにワクワクして飛び込んだ。

Cさんは自分の人生プランを考え、新しい仕事にチャレンジしようと計画していた。

Dさんは、もとより車好きで、目の前のお客様に感謝されることに喜びを感じていた。

「仕事をより好みしない」「給料の高さにこだわらない」「ワクワクすることを軸にする」。

実はこの3つは転職に限らず、「実質定年」を迎えて仕事人生の後半戦を幸せに生きるうえでの外せない要件でもある。これらをいかに早く準備しておくのかが幸せな「実質定年」、後半戦を味わうための最大のコツなのだ。

詳しくは次章でお伝えするが、まずは頭の隅に置いておいていただきたい。

◈ 第4章 ◈

「定年格差」を乗り越えるための10の条件

世の中が変わらないなら、自分が変わろう

日本は年齢差別の国だ。

テレビや新聞の報道では、必ず「郡山史郎さん（86歳）」などと年齢が出される。欧米ではあり得ないことだ。自ら言うならばまだしも、それは明らかにプライバシーの侵害で、失礼きわまりない行為だ。

もっとも、この慣習の根っこにあるのは「年長者を敬うべき」という儒教思想だろう。自分より年上か否か。早めに窺《うかが》い知らなければ、年長者に失礼な態度をとってしまうかもしれない。

すぐにでも年齢がわかるよう相手の年齢を確認して、オープンにする。それを失礼とはしない社会が生まれたのは、むしろ「儀礼のため」というわけだ。

年齢差別が根付いた社会では定年制度はとてもしっくりはまり、固定化されてきた。「この歳になったらお年寄りだ」「リタイアするものだ」と明確な線引きがなされるからだ。

企業も労働者もあれこれと悩む必要がない。

「60歳まで働いたのだから、もう十分務めは果たした。余生はゆっくり暮らすべきだ」とコンセンサスが取りやすかった。

しかし、時代は変わった。

人生100年時代になって、元気なシニアが増えた。少子高齢化で労働力が足りなくなった。現役世代が高齢者を支える社会保障制度の立て付けが狂った。

だから定年は徐々に延長されて、ついに70歳にまで延びた。

国は社会保障制度の設計失敗を企業に押し付けることにした。

ただ企業は、もはやそれを文面通り実行するはずがない。激しい競争のなかで、高給取りの中高年層をシニアになるまで置いておく余力がないからだ。

50歳を超えたくらいから役職をはがして給料を下げる役職定年を実施するようになった。早期退職制度などで追い出しをはかる企業も増えた。さらに陰険な形でいびり出す企業も増えている。

新卒フレッシュマンとして希望に満ちあふれて入社し、その後精一杯貢献してきた会社で。あるいは何度か転職をしながらも、たどり着き「安住の地」と思っていた会社で。突然、はしごを外されるように、会社から見放されるのだ。

かといって、転職サイトに登録して、人材紹介会社に頼ってもあてにならない。50代以上で幸せな転職をするのは99％難しい。多くの企業が、体力、気力の衰えた50代以上の人材など求めていないからだ。年齢差別はいまだ残る。時代は変わっても、根付いた慣習は変わらないのだ。

では、どうすればいいのか。

押し付けられた不本意な定年退職を受け入れるのは避けたい。自分で自分の引き際を決める「実質定年」を全うしたい人がほとんどではないか。

ただ、このとき、国も企業もあなたのことを親身になって考えてくれない。だからあなたが、自分自身で切り開いていくしかない。

それこそが、「定年格差」を乗り越える方法なのだ。

この章では、そのための10の条件をお伝えしよう。

【条件1】「働く＝幸せ」だと認識する

幸せの価値観は人それぞれだ。

おいしいものをいつでも食べられること。何かを成し遂げて歴史に名を残すこと。世界中を旅すること。日々、笑顔があふれる時間を過ごせること——。

100人いたら100通りの幸せの形があってしかるべきだ。

ただ、そのなかでも「働き続けられること」で得られる幸せは、質も量も段違いだと確信している。

だから私は86歳になった今も毎朝5時に起きて7時半にはオフィスに出勤している。人材紹介の仕事において、仕事を求めている人に幸せな転職先を十二分に紹介できているかといえば、答えは否だ。

しかし、たまにうまくマッチングができ、よい人材を求めていた企業の担当者、そしてすばらしい転職先と出会えた応募者から「ありがとう」「よかった」と感謝されるとき、心の底から喜びがわき上がる。それは1人の人生と、1つの会社、そこにまつわる多くの人々、ひいては日本社会に貢献したことにほかならないからだ。

そして、どんな仕事でも、形も大小も問わず、誰かのために役立つことをすることこそが、人間にとってこのうえない喜びなのだ。

私自身が86歳の今もこうして元気でいられるのは、この喜びを労働によって得られているからに違いない。人は自分のためだけにはがんばれない。自分だけじゃなく、ほかの誰かのためならば、うんとがんばれる。力がわき上がってくるのだ。

かつて既知の編集者から聞いた話が忘れられない。

何かしらのトラブルがあって不登校になり、ずっとひきこもりになる子がいる。やがて成長して大人になっても、なかなか部屋から表に出られず苦労する家族は多い。

そんな大人になった元ひきこもりの人たちを、何とか社会に出す。そして働き、生活できるようにするというミッションを掲げたひきこもり支援のＮＰＯがあるそうだ。

少しずつ外に出る練習をさせ、少しずついろいろなことにチャレンジさせる。

そのなかで、同じ法人が運営する高齢者向けの「デイケア施設のお手伝い」の仕事があるという。おだやかな高齢者たちのお世話をすることで、人とのコミュニケーションが苦手な場合が多い元ひきこもりの子たちを少しずつ慣れさせる。そしてやる気を引き出して、仕事の喜びを味わってもらう狙いだ。

しかし、狙いは外れる。

やる気を出したのは、デイケア施設にいた高齢者たちだったからだ。

元ひきこもりの多くは、引っ込み思案で、不器用だった。お茶を淹れるにも給仕するにも、いちいち心もとなく見ていられなかった。高齢者の方々は「そうじゃないのよ」「ほら、もっとちゃんと持ちなさい」「急須はこう持ってね……」といった具合に、むしろ彼らを指導して、面倒を見るようになった。自分たちが元ひきこもりの彼らに役立つことで、みるみる元気になっていった。人は施されるより、施すほうがずっと喜びを感じるのだ。お世話されるより、お世話するほうが楽しいのだ。

大人になればなるほど、誰かからプレゼントをもらうよりも、誰かにプレゼントをあげて喜ばれるほうがずっと幸福であることに気づく。

働くとは「傍《はた》をラクにすることだ」という字が当てられるのも合点がいく。

それは会社でも個人事業主でも、ボランティアでもかまわない。誰かの役に立つこと、それこそが大きな人の喜びなのだ。

昨今、「ウェルビーイング」という言葉がよく使われるようになった。直訳すると「心身が良好で幸せな状態」のことだ。

細かくはいくつかの定義があるらしいが、会社やプロジェクト、あるいは地域コミュニティといった場で「それぞれの人が自分の意義を感じながら、いきいきと活動している状態のこと」を指すという。何もかもがデジタルデータで読み取れるなかで、こうしたエモーショナルなつながり、情動は、計測しづらいものだ。だからこそ誰にとっても幸せになるのかもしれない。

だから、どんなことでもいいから「働くこと」だ。

50代になろうと、60代になろうと、国が定年を70歳と長くしてくれたならば、大いにそれを利用しよう。ウェルビーイングの状態を続かせるのだ。

あなたはあと何年あるだろうか。そこまでの働き口は見えているだろうか。

私自身は、82歳のとき『九十歳まで働く！』という本を書いた。そしてあと4年で90歳になる。

あるとき、取材に来た記者に、「90歳を過ぎても働きますか？」と質問され、改めて考えてみた。

私が出した答えは、「できる限り、長く働き続けたい」。

体力的には衰えを感じているが、頭はまだまだはっきりしている。人材紹介の仕事は座ってでもできるから、会社に来さえすれば、十分こなすことができるだろう。

そう話すと、その記者に「今はパソコンを使って、リモートでも仕事できますよ」と言われた。

「九十歳まで働く！」には、延長戦があるかもしれない。

【条件2】過去を捨てる

人は45歳で「自然定年」を迎える。

動物学的に肉体が衰え、それに伴って気力も集中力も記憶力もうんと落ちていく。44歳までの働き方とは変わらざるを得なくなる。

それまでは、小さな仕事を積み上げて、やがて少しずつ大きな仕事を任された。部下も増え、責任も増し、出せる成果も大きくなる。そうして給料と役職を上げていくのが、仕事人生の前半戦の戦い方だった。体力、知力と知識とノウハウ、その積み重ねの右肩上がりと、会社での給料と地位とプライドとの成長曲線が合致していたわけだ。

45歳で折り返す後半戦は違う。

体力と気力が落ちれば、これまでと同じような仕事の成果は出せなくなる。自分より若く精力的な人間に劣るのは当然だ。マネジメント職としてさらに上に行く道もあるが、そこまで上がってくると、社長を頂点とした極めて狭い道でしかない。たいがいもう結果も見えている。だからこそ、会社は追い出しをはかろうとしてくる。転職先もほとんどなくなってくる。これまでと同じ仕事、給料、責任感、役職を得られることなどなくなるのだ。

この事実に気づき、受け入れることである。

しかし、それは悲しい事実ではない。

再三お伝えしているように、仕事人生の前半戦が終わり、後半戦に入っただけだ。

後半戦はルールが変わるのだ。

これまでと同じ仕事では、明らかに成果が出せなくなる。

右肩上がりで給料が増えることも、役職がぐんぐん高まることももうないだろう。

「自分はこんな成果を上げた」

「これほどの給料をもらっていた」

それは過去の栄光であり、過去のルールのなかだけの話だ。

今度のルールは、いかに自分が誰かの役に立てるか。しっかりと働き続けられるか。にこやかに日々を過ごせるか。給料や役職や評価といった他人軸ではなく、自分軸で充足感を得られるかに尽きるのだ。

マインドセットの切り替えどきだ。


もちろん、言うは易しだとわかっている。私自身、そう簡単にマインドセットが切り替わったわけではない。

ここまで、定年後の仕事探しの現実について、いろいろと厳しいことを述べてきたが、それは私自身の苦い経験によるものだ。

ソニー時代はさまざまな事業を経験し、要職にもつき、子会社の社長、会長まで経験させてもらった。そこからソニーを飛び出したのはもう65歳になってからだった。

おごりがあった。

世界に名だたる企業でそれなりの成果を残してきた。すぐに次の仕事が見つかるだろうと高をくっていた。バリューがあると思っていたのだ。

現実は甘くなかった。

知り合いの人材紹介会社を訪ねると、「郡山さん、友人として言うが、60代半ばを過ぎた求人はゼロですよ」と告げられた。「この私でも仕事がないというのか。あなたは友人だろう」。そんな態度がにじみ出ていたに違いない。ショックだったのは、途中から居留守を使われたことだ。ようやく次の仕事が見つかったのは2年後。67歳になっていた。自分の商品価値が、これまでの延長線上にはないことを痛感した。

マインドセットを変えなければ、働き口は見つからない。同じような苦労をする人はきっと多いはずだ。マインドセットが変わったからこそ、過去を捨てられたからこそ、私は小さな人材紹介会社を立ち上げ、多くの人が幸せになれる仕事のマッチングをしようと考えた。

給料と地位とプライドを捨てきれないままであったら、前述したような「働く幸せ」を感じることはなかっただろう。

今、多くのシニアになったビジネスパーソンの転職をサポートするなかでも日々感じている。

「以前はこれくらいもらっていた。その給与では難しい」
「前の職場では部長までやらせてもらっていた。やはり役職がほしい」
「もう少し大きな規模の会社はないだろうか」

前半戦の戦いを終えたビジネスパーソンが、過去の栄光にすがりつくさまを数え切れないほど見てきた。そして彼らはほぼ確実に転職先を見つけられないでいた。

当然だ。彼らはプロ野球選手にたとえるなら、ずっとレギュラーを張ってきたようなものだ。しかし、もう全盛期はとうに過ぎて、選手としての寿命は終わった。出世に勝った一握りの人間はチームのコーチや監督として残っている。「これまで通り、選手としてがんばりたい」。それはどこのチームでも無理だ。野球選手をやめるときなのだ。セカンドキャリアの場所で、「オレは新人賞をとったピッチャーだ。そんな仕事はできない」と言われても困る。

過去は捨てる。振り返らない。それこそが成長のスタートラインに立つことなのだ。

ソニーの創業者の１人である井深大《いぶかまさる》さんからは、多くの薫陶《くんとう》を受けた。

彼は企業経営者がよく使う「原点回帰」だとか「創業の精神」といった言葉が大嫌いだった。「あんなものを大事にするようでは、ソニーの将来はない」と言っていた。同じくソニーの共同創業者である盛田昭夫《もりたあきお》さんは「過去には何の価値もない。将来だけが価値がある。現在は将来のためにのみ使うべきだ」と言っていた。

まったくその通りだ。

過去を捨てられない人間に、未来は来ない。

少しずれるが、日本人はもういい加減「〇〇大学を出た」などという過去の学歴自慢をするような恥ずかしいことも捨てたほうがいい。「こう見えてオレはすごかった」と、今の自分が当時の自分よりも価値がないことを自ら証明しているようだ。

仕事にはこだわらない。給料は安くてもいい。会社規模は関係ない。転職でも、そのまま会社に居続けても変わりはない。

そうした過去を捨てることで、「働く場所があることそのものが、幸せなのだ」と心底理解している人間だけが、仕事人生の後半戦を晴れ晴れと歩んでいけるのだ。

【条件3】「痛い目」にあう覚悟を持つ

【条件2】のマインドセットの切り替えとつながった話だ。

長年の仕事環境のなかでできたマインドセットは、なかなか切り替えられない。それならば、一度違う環境に飛び込んで強引にマインドセットから変えるのが近道だ。

テーブルマナーを身につけさせる手っ取り早い手は、一つひとつ丁寧に教えることではないという。

マナーなど教えないままでいいので、ヨーロッパの一流店に連れて行って、そこで食べさせるのだ。周囲が優雅に正しいマナーで食べているなかに強引にでも入れられたら、くちゃくちゃと食べる音を立てたり、カチャカチャとナイフやフォークをうるさくさせるわけにはいかなくなる。周囲のマナーを見よう見まねでやらざるを得なくなる。失態をおかしたら、それこそ大成功だ。「もう二度とあんな恥ずかしい真似はしたくない」と心に刻まれて、必ず正しいマナーを自発的に身につけるわけだ。

同じである。

これまでの会社、業界とは違う組織に飛び込んで、現実を体感するのだ。

今は大人向けのインターンシップや就業体験などを実施するＮＰＯや企業があらわれはじめている。試しに今いる場所とは別の仕事場に飛び込んでみてはどうだろう。

驚くほど自分ができないことに気づくはずだ。

当たり前のように、仕事につまずく自分と出会える。

うまくこなせたら、それはそれでチャンスを見出すことにつながる。

短期アルバイトであってもいい。接客や警備など、シニアでも受け入れる仕事はたくさんある。むしろ、本業を持っているときこそ、やってみたらいいのだ。


仕事以外でも、そうした体験はできる。

今はコロナ禍で減っているが、地域活性のためのイベントなどが多くあり、ボランティアを募集している。昔ながらの祭りや町内会だって健在だ。本当に自分に仕事の能力があると考えるなら、腕試しのつもりで参加してみるのだ。痛い目にあえばラッキー。そうでなくても、力強い地縁が育《はぐく》まれるはずだ。


私の元同僚は似た経験から、マインドセットを変えた1人だ。

仮にEとしておこう。

重役にまで駆け上ったEは、鼻持ちならないエリート風を吹かせるタイプだった。仲間の集まりに、豪華な社用車で乗り付けた。いかにも自分は忙しいといったふうに眉をつり上げながら、自分の仕事の話をとうとうと語り始めた。ほとんど自慢話だった。人の話を聞かぬまま、「仕事がまだある」と社用車で立ち去った。

「あれで人の上に立っているのか」と仲間内では、冗談半分にくさしていた。

そんなEもある年に定年退職をした。そしてしばらく経った後、また会社の仲間で集まる機会があった。「またやつの自慢話がはじまるかな」と思ったら、驚いたことにまったく違う人間になっていた。

つり上がっていた眉は下がり、口調はどこまでもまろやかで、笑みをたたえたまま言葉を交わした。そう、交わしたのだ。周囲の人の話をうなずきながら聞き、自分の言葉は必要最低限のときにはさみこんだ。いつのまにか彼の近くには輪ができていた。会場全体の雰囲気を明るくつかみ、盛り上げてくれた。


「会社をやめただけでこうも変わるものかね」と笑いながら問いかけると、Eは「違う」と言い切った。

仕事をやめたからではなく、定年後、ずっと興味があった「アマチュア小劇団」に加入したからだというのだ。

劇団というのはチームワークで1つの作品をつくり上げる。アマチュアだから演じるだけではなく、小道具や大道具づくり、設営などもみんなで手掛ける。チラシづくりやチケットを売りさばくのもみんなが平等に持ち回る。大会社の元重役だろうが、学生だろうが関係ない。真にフラットな組織だ。一ワーカーとして、あらためてEはその劇団でリスタートを切ったのだ。


Eは言った。

「最初は何もできなかったんだ。むしろ若いみんなに迷惑をかけることが多くて情けなかった。一方で自分のような年寄りと同じ目線で同じ仕事をふってくれる仲間たちに感謝の念しか出てこなかった。逆にこれまで自分はおごっていたのかもしれないと気づいたんだ。なんでも自分1人で仕事をしていると勘違いしていた。周囲の同僚、部下たちを仲間と思えていなかったし、思われていなかったなと」

痛い目にあったことでEはマインドセットを変えた。

最後にこうも言っていた。

「ところで、今度小さな会社の仕事を手伝ってくれと言われている。ボランティアのような安月給だが、自分に務まるのか不安なんだ。どう思う？」と。

私は「今の君なら間違いない。どこでだってやっていける。前ならば、やめておけと言っただろうけどね」と答えた。

【条件４】「何でもやります」を口癖にする

同じ企業に残ることも、転職することも、50代以上になると厳しくなる。

その前提を考えると、居場所があるだけでもよしとするのが基本である。

だから、職場では「何でもやります」を口癖にしよう。

シニアの転職をお手伝いするときに、私が最も頭を抱えるのは「この業種以外できない」「こういう職種以外は難しい」と仕事そのものへの条件がやたらとある人だ。

現実が見えていない。

可能性と伸びしろのある20代、30代ではないのだ。すでに活躍の場が狭まり、むしろやれることが少なくなっているのに、会社を、仕事を選ぼうとしている。

まずは絶対的に自分が選ばれる側だとの意識を持っておきたい。

【条件1】で書いたように、働くことが第一義だ。働く場所があるならば、とにかく飛び込み、やってみることだ。

勘違いしているのは、50代を過ぎて新しい仕事に取り組むとしたら、最初からおもしろい仕事などないということだ。あなたがやりたくて仕方がない仕事もきっとないだろう。

しかし、やってみたらおもしろい仕事がほとんどなのだ。職業に貴賤がないように、おもしろい仕事にも貴賤がない。合う・合わないはあれど、そこを間違えないことだ。

現に私はこれまで5000人ほどのシニアの再就職に関わってきたが、前職とはまったく違う業界、職種の転職先を紹介した例も多い。

そのなかで「最初は抵抗があって怖かったが、今では最高の職場です」「飛び込んでみたらなんのことはなかった。むしろ以前よりずっと働きやすい」という声をもらうことがある。

年をとるとブランドチェンジするのが難しくなると書いた。しかし本来、人は新しいことやもの、人に触れることに興奮を覚える。

「何でもやります」精神で違う世界へ飛び込むのは、抵抗はあっても、一度はじめてしまえば、極めて幸福度の高い経験がまだまだできるということだ。

【条件5】「好き」「得意」を掘り下げる

前章で「ワクワクすることを軸にする」ことが転職でうまくいくポイントの１つだと伝えた。

給料や地位や成長に尽力するルールは、仕事人生の前半で終了だ。

45歳以降の後半戦は、別の指標で動くのがルール。だからこそ、なるべく自分が「好きなこと」「得意なこと」を掘り下げて、そこに少しでも近い地点で働くことが幸せの秘訣なのだ。

言い換えると、仕事人生の前半戦は好きなことなどできないとも言える。金を稼ぎ、出世を目指し、社外とのハードな競争に日夜追われることになる。突き詰めて考えたとき、それが「好きなこと」かというと、うなずけない人が多いのではないか。

しかし、45歳は少し早いが、50代も半ばになれば、様相が変わりはじめる。金を稼ぐための大きなエンジンである、子どもの教育費や住宅ローンはある程度目処《めど》がついてくる。出世競争はもう結果が出た。社外とのハードな競争は、自分より若い現場の第一線にいる人間のほうがよほど担っている。だからこれまでいた会社からは追い出されるわけだが、それはようやく自分本位で、自分の好きなことができるということでもある。

むしろもう金と出世を追いかけなくてよくなったのに、「嫌いなこと」をやるのは避けたいと考えるのが普通だろう。

そのためには会社をやめる前から、自分は何が好きで、何が得意かを突き詰めておく必要がある。好きだと思ったら、それは「成果が出しやすいから」であったりしないか。「得意」だと思ったら、それは今いる会社の看板があるから、ではないのか。「好き」と「得意」を掘り下げる作業は、それまでの自分がまとっていたメッキを剥《は》がし、捨て去るべき過去を見極める作業にもつながる。

１ついい手がある。「好き」が見つかりにくかったら、逆に「嫌い」を探すことだ。「こうした人間にはなりたくない」「さすがにこんな仕事はしたくない」——実はそれだけでも「実質定年」後の仕事のミスマッチを避けることにつながるだろう。

もっとも、ここでいう「好き」や「得意」はある程度、大雑把に設定しておくのがコツだ。

「B to B事業に特化した経営戦略をつくるのが好きだ」
「企業向けの基幹システムのプロジェクトマネージャー、プロジェクトリーダーなら得意だ」

気持ちはわかるが、やはりそれは前職の延長線上にしかない仕事だ。

もう少し大づかみにして「やはり事業会社の仕事が好きだな」「テクノロジーで業務を効率化するのが得意だ」くらいに抽象度を上げておいたほうが、フィットする幅ができる。

だから前章で挙げた「ベンチャー支援に転職した研究職」や「タクシー会社に転職した元証券マン」のような幸せな転身が実現するのだ。


もっと言えば、さらに抽象的な意味で「自分にとっては何が幸せか」を見極めておく必要もある。

後半戦は仕事をより好みできなくなることは間違いない。しかし、そのなかでも、できる限り楽しめる領域で過ごすほうがハッピーである。

【条件6】準備は早ければ早いほどいい

幸せを実現するために、できるだけ長く働く。

痛い目にあってでも、過去を捨てる覚悟をする。

「好きなこと」「得意なこと」を見極める。

――これまで伝えてきた幸せな定年後（実質定年）の条件を実現するためには、何と言っても準備が欠かせない。

とくに「好きなこと」「得意なこと」はそう簡単に見つかるものではない。できれば30代、遅くとも40代から多彩な仕事をしながら、日々、頭の片隅で考えておかなければ気づけないものだ。

また、その幸せを実現するために足りないことが見つかったら、30代、40代から準備しておけばいい。いざ、45歳を過ぎ、50代以上になり、選択肢が減ったなかで何かを新たに見つけようとしても難しいからだ。体力も気力も収入も、そこを境に右肩下がりになることはすでにお伝えした通り。想像力だって衰える。

さらに現実的な準備も不可欠だ。

私はいつも「3つのK」を準備しておけと伝えている。

最初のKは「金」だ。

繰り返し伝えているように、50代以上になるとほとんどが収入を減らす。1つの会社に残ったとしても、役職定年などのせいでこれまでもらっていた役職手当がなくなる。再雇用となれば、さらにシビアだ。

転職も同様だ。年功序列型賃金からは遠く離れた賃金体系になるのは必至。雇う側もそのつもりでコスト・パフォーマンスの高さを期待している。

まだまだ働き続けるとしても、収入が減った場合の補完となる資金をキープしておくのが正解だ。

今、貯蓄はどれくらいで、50代になるまでにいくら貯められるのか。退職金はどれくらいもらえそうか。年金はいつ頃から、いくらくらいもらえそうか――。

これを早めに見極めておけば、資産運用の計画や節約の加減も見えてくる。いざそのときになって、「もっと稼がなければまずい」となったときの不幸は恐ろしい。やりたくない仕事、好きでもない仕事に近づくことにほかならない。

貯蓄があれば、「好きなことをしたいから、お金は二の次でいい」「お金は少なくても、自分に合った仕事を選ぼう」という決断ができる。

狙うのはそれだ。


２つ目の「Ｋ」は家族だ。

家族構成は人によってまちまちだろうが、人生の後半戦ともなれば、子どもはもう巣立って、妻と２人きりか、あるいは１人かということがほとんどだろう。

どんな状況だとしても、後半戦を見据えて「自分のことは自分でやる」ようにしておくことをおすすめする。

掃除をする。洗濯をする。食事をつくる。洋服を自分で選ぶ。出張の準備を自分でする。すべて、自分１人だけでできるようになっておこう。

前半戦は、あなたの仕事が家計を支えていたかもしれない。しかし後半戦になれば、あなたの収入はぐっと下がる。家族の大黒柱だった人も、そのプレゼンスがぐっと下がる。そのときに、かつてのように配偶者に家事の負担を多く背負わせるのはどうだろう。相手は「なんで私が」と強く思うようになるはずだ。

もとより、共働きが増えている昨今、家事を片方に任せるのは時代遅れだ。家事は習慣である。やらなければうまくならない。

こうしたことも含めて、家族とは良好な関係を保っておきたい。たとえ仕事が忙しくても、30代、40代のときからケアをしていないと、取り返しがつかなくなる。

あなたが長く積み上げた前半の仕事人生は、誰かの大切な半生でもあるのだ。


最後の「K」は健康である。

年齢とともに人の筋力は衰える。また衰えるだけではなく、筋肉も45歳くらいからつきにくくなるのだ。ホルモンの関係だといわれるが、得てして「自然定年」の年齢と合わさるのがおもしろい。

いずれにしても筋力の衰えを補うため、体を動かして筋力アップをはかりたい。とくに今はコロナの危機下でリモートワークが増えている。出勤によって駅まで歩いたり、電車に立ちながら揺られたり、外回りをする機会があればそれだけでも結構な運動量となる。

しかし、その機会が減った人は多い。意識して体を動かしておくほうがいいだろう。スポーツジムに通わずとも、毎日、ウォーキングや筋トレをするのでもいい。習慣化しておくことだ。

食事にも気を使いたい。

暴飲暴食はせず、内臓を傷めないように腹八分目を常にしよう。

体は壊してからでは遅い。たいてい健康診断の数値も45歳を過ぎたあたりからガクンと悪くなる。悪くならないように30代から、体に気をつけておきたい。

ちなみに健康であることは自分にだけメリットがあるわけではない。

医者にかからなければ健康保険の世話になることがない。ジリ貧の社会保障費の後方支援を人知れずすることになる。

家族に迷惑をかけることもなくなる。介護などはやはり身近な家族の手間と時間を奪う。病気にならず、介護の世話にもできるだけならないことは、家族はもちろん国にとってもありがたいはずだ。

【条件7】コミュニケーションとITのスキルは磨き続ける

磨き続けておきたいスキルもある。

まず最低限のITスキル。

営業職の人間がなにもプログラミングまで身につけなくてもいいが、メールやワード、エクセル、パワーポイントくらいは使いこなしておきたい。50代でも60代でもそうだ。いまやデジタルテクノロジーは、かつての読み書きそろばんと同じ意味を持つ。使えて当たり前の基本中の基本である。部下や情報システム担当者が手伝ってくれていたとしても、こっそりと自分でできるようにスキルを磨いておこう。「やはり年をとるとパソコンは苦手で」などという言い訳はもう通用しない。

令和2年版の情報通信白書によると、個人の年齢階層別インターネット利用率は、13歳~69歳までの各階層で9割を超えている。とくに60代以上の利用率が大きく上昇しているという。60代で見ると２０１８年は76・６％だった利用率が、２０１９年には90・５％にまで上がった。70代は51・０％（２０１８年）だったのが74・２％（２０１９年）。80代となると、なんと21・５％（２０１８年）から57・５％（２０１９年）にまで増えているのだ。

そんななかで「デジタルが苦手で……」などという人間を使いたがる会社はもうない。

コミュニケーションのスキルも洗練させておきたい。

年をとると話がくどくなる。声も不明瞭になる。言葉も態度も横柄になる。これは会話のみならず、メールの文面でも見てとれる。私の人材紹介会社にくるメールでも、長く、不明瞭で、横柄な文面の人がたまにいる。案の定、企業とのマッチングもうまくいかない。

これは訓練で変えていきたい。

文章も会話も３Ｃでいこう。

Clear（わかりやすく）・Concise（簡潔に）・Courtesy（丁寧に）である。

余談だが、私はこの３Ｃでメールを送ったり面談で話す人ほど、企業に紹介しやすいと感じている。今、就職の最前線はデータベースとＡＩが、ドライかつ効率的に選考していく流れにある。しかし、人柄を知るために面接を重視している企業は多い。文章や会話にちょっとしたキレがある人は、そういう意味で有利と言える。

いずれにしても人生の後半戦をどう生きたいか見極めて、備えよう。準備は早ければ早いほどいい。

明日からではなく、今日からだ。

今日を大切にできない人間は、明日も大切にできない。

【条件８】求人サイト、人材紹介会社をあてにしない

もちろん、30代や40代前半ならば別だ。先に言った通り、このあたりの層は即戦力として期待されているから、転職市場では高い評価で自分を売れる。

しかし、我々のような人材紹介会社、あるいは求人サイトに、50代以上の人材を求める企業はほとんどない。働き続けたいシニアが増えている一方でミスマッチが起きていることは、これまで繰り返し述べてきた通りだ。

そこを狙って「役職定年や早期退職者の転職支援をします」と明言するエージェントも増えてきた。企業に取り入って、彼らがやめさせたい社員たちの支援をするとうそぶく。実のところは我々のような人材紹介会社にデータベースを配るだけのブローカーでしかない。

そして昨今、こうしたエージェントからくる早期退職者の年齢が下がっている。かつては50代がほとんどだったが、45歳くらいからくるようになった。いずれにしても、ない袖は振れない。そう簡単に50代以上の転職支援は期待できない。

45歳を過ぎてからの転職は、「転職」ではなく「転落」にならないよう、細心の注意が必要だ。

では、どうすればいいか。

求人サイトや人材紹介以外の道も探るしかない。

具体的には「縁故」である。

友人、知人、同僚、親戚。常にいろいろなコミュニティでつながりを途切れないようにしておくことだ。今、自分が何をしているか、何に興味があるか、どんなことができるかを、伝わるようにするためだ。

今だからこそ、地縁もバカにできない。

例えば、2015年に「東京の自治のあり方研究会」が実施した調査によると、東京都の町会・自治会の加入率は2003年には61%だったが、10年後には54%にまで落ちていた。年老いた重鎮がずっと同じ役まわりをしている町内会も実に多い。

だからこそチャンスもある。

少し若いとき、30代、40代くらいから積極的に地域の町内会に参加すれば大歓迎されるだろう。参加率が下がっているからこそ、つながりをつくっておけば、広く太いネットワークができる。会の活動を通して、自分に何ができるか、何を好むかも自然に伝えられる。そこから転職先につながる可能性は大いにある。

また地域活性化を狙った新しいイベントも、今は思いのほか多い。地域を巻き込んだ音楽フェスや、アートフェスティバルといった類《たぐい》の催しだ。こうしたものにも飛び込んでみたらおもしろい。学生から行政の人間まで、まさに老若男女が集っている。町内会同様に、仕事を任せられてプロジェクトの一部を担う。何かしら仕事のスキルが活かせるはずだ。プロジェクトを通して、あなたのスキルを自然にアピールできる。縁故のチャネルが増えるはずだ。

「お前は以前の本で、縁故で転職するなと言ったじゃないか」と怒る方もいるかもしれない。実際に面と向かって苦言を呈されたこともある。

潤沢に転職先があるような若い世代や、あるいはシニアの転職先が潤沢にある時代ならば、やはり縁故はすすめられない。しかし、今はそんなことも言っていられないほどのシニア転職難の時代なのだ。

繰り返しになるが、過去を捨てられる者だけが、未来を生きられる。

今なら「縁故でも何でも、転職サイトでも、人材紹介会社でも、使えるものは何でも使え」と強く言いたい。

【条件1】で言った通りだ。

「働き続けること」が何よりも大切なのだ。そこに至る手段は二の次だ。

【条件9】改めてマナーに気を配る

若い世代を中心に「こんな古いビジネスマナーはいらないのではないか」という論調があるようだ。

株式会社ビズヒッツが働く男女500人を対象にした「不要だと思うビジネスマナーに関する意識調査」によると、以下のマナーが並んでいた。

1位「名刺交換の所作」84人
2位「上座・下座の席次ルール」56人
3位「言葉づかいや呼称のルール」55人
4位「服装やメイク」31人
5位「お辞儀ハンコ」25人
6位「季節の挨拶や贈答」23人
7位「お酒の席でのマナー」13人
8位「お辞儀の角度」12人
9位「お茶を出す（出された）ときのマナー」9人
10位「ノックの回数」6人

なるほど、と思えるマナーも多々ある。

役職が上のもののハンコにお辞儀をするように、ハンコをななめに押していく「お辞儀ハンコ」などは、私もまったく不要だと感じる。季節の挨拶や贈答なども、まったくもって時間とお金のムダだと思う。そんなものをわざわざ送ってきて返礼を求めるなど、相手の時間まで奪う愚行だ。挨拶をしっかりとすることこそが大事で、そこでするお辞儀の角度など誰が気にするのだろうか。

そのほかに「私もそう思う」と賛同する読者もいるだろう。

ただし、50代以上のシニアは、あまりマナー不要論に流されないでおいたほうがいい。初対面の人間の第一印象は3~5秒で決まるという。

見るからにフレッシュな若者ならば、印象はそれだけで格段にアップする。しかし、ある程度上の人間になると、はつらつとした印象は薄れ、ややもすればくたびれて見える。そこでくたびれた装いに身を包み、ビジネスマナーの基本を守れず、名刺交換もあやふやでいたら、どうだろうか?

「この人はこの年齢まで何を学んできたのか」

「やはり年をとって、上から命令することしかしてこなかったのだな」

こんな具合に心証が悪くなるばかりに決まっている。

シニアこそビジネスマナーの基本を使いこなそう。

まずは身だしなみから。髪は短めに切って、ひげはきれいに剃《そ》る。最近はビジネスカジュアルが流行っているが、やはり襟付きのシャツやジャケットなどかっちりめのファッションのほうが、シニアは若々しく見える。ネクタイまではせずとも清潔でサイズの合ったきれいめのファッションに身を包もう。

言葉づかいは丁寧に。

年をとり、後輩や部下が多くなると、自然と上からの物言いが根付いてしまい、話しぶりが横柄になりがちだ。年下だろうが部下だろうが、「さん」づけで、敬語を意識して話すようにしよう。

そのほかのお辞儀や上座下座も、基本をきっちり守ろう。

所作が美しく、マナーがすばらしければ、転職活動をしているときも、今の会社に居続けるにも、周囲の印象は大きく変わる。

むしろ周囲から「こういう場合はどうすれば？」とマナーについて聞かれるような立場にもなれそうだ。年の功が嫌みなく活かせるのはマナーなどの教養の領域だ。

ただし、マナーができてない同僚を上から目線で注意したり、叱るようなことは避けよう。あくまで聞かれたら答える。黙って自分は実践する。そのスマートなスタンスが、周囲に好印象を与えるのだ。

【条件10】働く先を1つに絞らない

【条件5】で言ったように、50代以上になると収入が減る人がほとんどだ。

それでも、自分の好きな仕事、得意なことを何でもやってみるほうが幸せにつながる。

しかし、もっと稼ぎたいと思った場合どうすればいいか。

副業、兼業をすればいい。

2018年は副業元年といわれるように、政府の働き方改革の一環として副業が推奨されるようになった。就業規則で副業を禁じる会社は今後減っていくだろう。さらに、昨今のテレワークの普及が副業や兼業のハードルを下げた。

1社だけではなく、もう1社、あるいは2社で。あるいは1社で働きながら、個人事業主として、二足、三足のわらじを履いて、一つひとつでは少なくなった収入を補うわけだ。ビュッフェ方式だ。

兼業のいいところは、「興味があることを試しやすい」点だ。いきなり新しい仕事にチャレンジするのはハードルが高いが、「週1、2日」だけとなれば別だ。これは雇う側もまったく同じだ。短期間でパートタイムになれば、50代以上の働き先はぐっと増える。

これもできれば、若いうちに準備しておきたい。

30代、40代で興味がある別業界、別会社があれば試しに飛び込んでみるのだ。

兼業のスタイルで、起業するのもおもしろい。

とくにインターネットを活用したビジネスならば、家にいながら挑戦しやすい。テレワークが当たり前になったため、本業を持ちながらネットビジネスにチャレンジすることが容易《たやす》くなった。先に挙げたようにシニア層でネットを使う人も増えているから、同世代向けにネットに特化したサービスをはじめればうまくいくかもしれない。

兼業が許されるようになってよかったことは、各企業の本質や本性が見えやすくなったことだろう。転職回数が平均して少ない日本は、ビジネスのスタンダードなスタイルを、「自分がいる会社の方法」に限定させたがるきらいがある。

それは間違いだ。

100社あったら100社なりのやり方があって然るべきだ。絶対的なスタンダードはないが、相対的なダメなやり方はあらゆる場所に潜んでいる。なかには非効率な仕事の進め方、明らかにモラルや法律に抵触するような働き方をしている会社もある。

そこにもチャンスがあると私は考える。

ダメな会社に、ある程度の知見のあるシニア層が入れば、物申すことができる。「それは非効率なやり方だ」「このままでは競合に勝てませんよ」とフラットに提言できる。

ダメな会社を自分が立て直す。それくらいの意気込みで飛び込めばいいのだ。

繰り返す。国も企業もあなたのことを本当には考えていない。
自分だけが頼りだ。
「実質定年」を豊かな船出にできるのは、あなたしかいないのだ。

◈第５章◈

シニアも当たり前に働ける社会をつくる

人生の時間は限られている

私が仕事を終えるのは、午後4時頃だ。

毎朝7時半には飯田橋のオフィスについて仕事をはじめる早朝出勤派であるため、終業も早めている。おかげでまだすいている電車に座って帰宅できる。

家に帰ると、妻とささやかな料理を前に少しの水割りを傾ける。1本1000円程度のホワイトホース。これを10日間ほどかけてちびちびと飲む。1日100円だ。酒も弱くなっているから、シニアの生活は実にリーズナブルだ。

そしてほっと一息つきながら、「よし。今日も1日無事に仕事を終えられたぞ」と多幸感と満足感にひたるのだ。

1日1日がとても輝いて感じる。

1分1秒が愛《いと》おしい。

充実した時間を生きていると実感する。

若い頃には考えられなかった。

30代、40代の頃は、キリキリと胃の痛む決断を繰り返す仕事を切り倒すようにこなした。ヘトヘトになっても帰れない。豪華なだけでつまらない会食につき合わされた。ようやく深夜に帰宅。しかし、ベッドに入るときには充実感ではなく、後悔の念に襲われていた。

「あそこはもっと違う選択をすべきだった」

「なぜあの案件はうまくいかないのか。誰が、何がまずいのだ」

なぜ、当時は幸せを感じられなかったのか。いつも満たされない思いに苛まれていたのか。

仕事がハードでプレッシャーが強かった。それもあるが、まだまだ人生の残り時間が長く、自分は成長していくものだという思いに支配されていたからだろう。

野球選手でも、入団5年目くらいでレギュラーに定着。打率を年々上げているような頃は、自分の成長を感じながらも、まだできる、上にいけると野心と自信とあせりとがないまぜになった感情がうずまいているものだ。

「あのストレートは見逃すべきではなかった」

「どうしてあのイニングで点がとれなかったのか。誰がしくじったのだ」


しかし、肉体が衰える40歳近くになると世界観が変わる。

徐々にレギュラーから外れ、代打くらいでしか出番がなくなる。「あと何度打席に立てるのか」。終わりが見えてくると、一打席、一打席が、一振り一振りが極めて貴重なものに感じてくる。大事に丁寧な仕事をしようと思うし、いいバッティングができたときの喜びは若いとき以上だ。それがたとえ胸のすくようなタイムリーヒットやホームランではなくても、本人は得も言われぬ幸せと充足感を得ているはずだ。


確かに日本人の平均年齢は上昇した。健康寿命もうんと高くなっている。

しかし「年をとる＝残り時間が短くなる」、その事実は変わらない。

1年が、1月が、1分、1秒が、尊く貴重なものになってくるのだ。それはささやかな幸せを感じやすくなることにつながる。と同時に、やはりかけがえのない時間を働くことに使うのが、何よりも幸せを感じさせることなのだ。

それを奪う権利は誰にもない。

日本国憲法では、働く権利が認められている。それを出すまでもなく、私たちは可能な限り、この幸せを求めていくべきだ。

そのためにも、もう少し日本という国は変わるべきではないだろうか。

「定年延長」だけでは解決にならない

人生100年時代に即した労働環境をつくる。少子高齢化への対策としてもシニアが働きやすい社会をつくる。

国の狙いはもう散々伝えた通りだ。私も大筋は同意をしている。

しかし「定年を70歳に延長しました」だけで、それがなし得るのか。

むしろ逆効果で、企業は年齢差別で中高年層を追い出す。それでいてシニアの転職市場も整備されていない。仕事にあぶれたシニアが世の中にあふれる可能性すらあるのではないかと危惧《きぐ》する。

人材紹介会社である私のところには、常時3万人ほどの転職希望者の方が登録してくれている。

その3万人のなかに、公務員はほとんどいない。ゼロではないが、わずか数名だ。

理由は明解だ。

彼らは「形式定年」がしっかりと実行される。また万が一スピンアウトしても、縁故があるからだ。コネクションを使った天下り先がある。

定年が70歳になったら、ますます彼らは安泰だ。しっかりと70歳までの雇用が約束されるからだ。

ところが、民間のビジネスパーソンはそうはいかない。企業はなおさら中高年層を追い出そうとする。その対策として転職サイトや、我々のような人材紹介会社に殺到することになる。しかし、出口となる〝50代以上ウエルカム〟の転職先はほとんどない。

正確に言うと、丁寧に探せばあるはずだ。本質的に、求める人材は単純に年齢だけで決められるものではない。しかし、データだけで「50代以上」がスクリーニングされて切られている現実がまずある。

また、雇用そのものの仕組みが違っていれば、50代以上の転職希望者と、優れた人材がほしい企業とのマッチングの可能性は、うんと高まるはずだ。少子高齢化は揺るぎない事実で、労働力が足りない危機感は企業も当然感じているからだ。

どこかの歯車が狂っているのだ。

シニアの仕事探しがしやすい環境整備が不可欠

元凶は、労働基準法などによる厳正な規制だと私は考える。

第3章でも少し触れたが、求人サイトや人材紹介会社が関わる転職市場のルーツは、人身売買だ。

しかし、近代になって強制労働の絶対的排除という見方から、職業選択の自由が確立された。日本では雇用に関して当人の決定がすべてであり、「第三者の介入はできない」ことになっている。だから我々人材紹介会社は厚生労働大臣の許可がなければ営業できない、厳しい法の下に縛られた営業をしている。あくまで求人情報の提供はするが、建前上、個々に綿密な採用のアドバイスなどは、してはいけないことになっている。あくまで人材紹介が仕事であるからだ。

また、ただ職を紹介するのは問題ないが、1円でも報酬をもらってはならないことになっている。先に述べた人身売買、強制労働の排除のためだ。

それくらい厳密な世界だということだ。

しかし、これが50代以上の転職市場を硬直化させているー因になっているのではないだろうか。

人材紹介会社は許可制の厳しい世界。それでいてパーソナライズした細かなアドバイスまではできない。すると当然、効率的なビジネスを目指す。人材紹介会社の報酬は採用された場合の年俸に対するパーセンテージで決まるため、できるだけ年俸が高い30代、40代を中心にターゲットを絞る。50代以上はどうしても給与が低くなっていくから効率が悪いのだ。そのうえ個性もバラバラなので、束で扱うのが難しい。

だから、50代、あるいは60代以上は人材紹介会社に親身になってもらえないし、企業からのわずかな求人もうまくマッチングにいたらないわけだ。

だったらいっそ、高齢者はこうしたルールから外してはどうか。

50代、60代以上に関しては、厚生労働大臣の許可がなくても誰しも人材を紹介できるようにする。ウェブ上でも近所の居酒屋でも、カフェでもいい。自由に「私はこんな仕事ができる。こんな職場があればぜひ働きたい」と個人で売り込める。また、その仲介をしてくれた人に対して1000円でもいいので転職希望者側から仲介料を払ってもいい、仲介者は受け取っていいとする。現在は法規制でできないが、解禁するのだ。

するとと地域のコミュニティや、趣味のつながり、またその先のクラスター上のコミュニティなどを通して、ぐっと転職の確率が高まるはずだ。

大きいのは、こうなると人材紹介会社も必ず動くことだ。

現在は企業側からしかフィーを受け取れないことになっているが、求職者1人から10 0円得られるとなれば、1万人で1000万円だ。これだけ売り上げが見込めたらプロジェクトとして立ち上げても割が合う。そして中高年層向けのしっかりとした知見あるカウンセラーを育てるべきだ。


一方で、派遣や採用の縛りも、シニアに関してはフリーにするのがいいと考える。

本来ならば、人身売買を禁じるために、企業が人を採用するのは厳しいハードルがある。また、一度正社員にしたらやめさせるのは大変だし、社会保険などの負担もある。それは雇用を守る面では大切だが、むしろシニアの働きやすさを阻害している面がある。

だから、こうした枠組みを外すのだ。

50代、60代以上になったら企業は雇用関係を結ばずに、フリーランスとして業務委託を自由にできるようにするのだ。すると企業側はぐっと採用のハードルが下がる。結果として中高年の転職市場が活性化する。ずっと働けるステージが広がる。

国民年金や国民健康保険など社会保障制度は変わるが、その一方で50代、60代以上の働く人は勤労所得に対する課税を撤廃したらいいだろう。シニア層が働くモチベーションがさらに高まる。採用側がもっと採用したくなる。まさにウィン・ウィンだ。

こうしたドラスティックな改革をしないで、「形式定年」の制度を高めるだけでは、社会がギクシャクし、おかしくまわりはじめる。結局はシニア世代の行き場がなくなり、日本経済は沈んだまま。社会保障制度はやはり暗礁に乗り上げたままになる。

何も変わらないどころか、悪くなる確率のほうが高いのではないだろうか。

マインドセットを変えなくてはいけないのは、「実質定年」を迎える中高年層だけではない。

日本という国そのものが変わらなくてはいけないのだ。

「働き続ける」という幸せを実現するために

文明社会は、弱者を保護するところからはじまった。

弱い人間たちが集い、互いにつながり、助け合うことで、強者が弱者を助ける社会をつくった。それは弱者にとって居心地のよい場所であると同時に、強者にとってもプラス面がある。強者もやがて年老いる。その前に病気やケガになるかもしれない。そんなときでも支え合う社会通念とシステムがあれば、安心して生きられる。

そうではない社会が、野生の世界だ。

弱肉強食で、弱いものは簡単に淘汰される。支え合う余裕がない。シンプルで、それもまた1つの完成されたシステムだ。しかし、人が生きるには殺伐《さつばつ》としすぎている。

ビジネスの世界は弱肉強食だ、と我々は簡単に言いすぎてきた。決してそんなことはない。ビジネスの世界は、人間の文明社会のなかに組み込まれているべきだ。

先に、働き続けられることこそが、私たち人間の幸せだと書いた。

ならば体力、知力が落ちてくるシニア層にも、働く場をつくり出す。それこそが人間社会らしい支え合いではないだろうか。

幸せを軸にした「定年格差」は、まだ解消すべき伸びしろがある。

日本はまだまだよくなる。

動くなら、今日からだ。

もう一度言わせてほしい。私もあなたも、今が一番若いのだ。

おわりに

お読みいただき、誠にありがとうございます。

あまり愉快でもなく、新しくもなく、ためにもならない本だ、とお感じになったかもしれません。

しかし、ためにならないのは困ります。皆さまのお役に立つために書いたのです。この「おわりに」を、最後の努力とさせてください。


この本はビジネスマンの本です（もちろん女性も含みます）。私は22歳のときからスタートして、現在86歳のビジネスマンです。すべてのビジネスマンは仲間です。だから、仲間のお役に立ちたいと思っています。

私は17年前に会社を創業しました。会社を創業した理由は、前にも書きましたが、私を採用してくれる会社がなかったからです。

そのとき、3つの目標を掲げました。

1. 仕事を探している人たちのために、親身になって努力する
2. 高年齢者の就業支援モデルを創る
3. 就業の場を増やすためのベンチャーのお手伝いをする

すべて、自分の体験から必要だと思ったのです。

しかし、2はほとんど成功していません。努力したつもりでも、結果は失敗としか言いようがありません。この本は失敗した2の再チャレンジでもあります。

なぜ、高年齢者の就業支援が必要なのか？

若い方からは、「高齢になってまで働きたくない」という声をよく聞きます。

しかし私は、人間は働くことで幸せになると信じているのです。

アンドレ・ジッドの言葉に、「人の幸せは好きなことができることのなかにはない。しなければならないことを、自分の意志でおこなうことのなかにある」というものがありま

す。

これは人のために、危険な仕事をおこなう人たちをたたえた言葉です。それほど危険でなくても、人の役に立ったら幸せになることは、実生活でも学問的にも実証されています。そのためには、働くのが一番いいのです。

人生100年時代となった今、できる限り長く働きたいと思ったとき、その障害になるのが定年です。そして定年にどのように対応するかで大きな格差が生まれるということは、本書で繰り返し述べてきた通りです。

しっかりした計画と周到な準備があれば、豊かで幸せな定年になり、間違えるとみじめで不満と不安に満ちた定年になります。

正しい対応の基本はマインドセットの切り替えです。これができれば、定年はむしろ味方になります。

ではマインドセットの切り替えとは何か。

それは、環境に応じて自分を変化させることです。

環境が変化したとき生き残るのは、大きく力のあるものではない。環境の変化に順応できるものだけが生き残る。恐竜が絶滅したのも、まさにこの環境の変化についていけなかったからだともいわれています。

高齢者も、自分のまわりの環境の変化に対応する必要があります。

そのためには自分が変化しなければならない。過去の価値を否定し、将来の価値に備えなければなりません。それがこの本の基本的な主張です。

どのように変化するかは個人の問題です。ただ、過去から離れる距離が大きければ大きいほど、成功の確率は高くなるでしょう。

変化するのはチャレンジです。戦いでもあります。「高齢化に負けるものか」という勇気が必要です。あなたはいかがでしょうか。

最後にもうひと言。老人はくどい。同じことばかり言います（でも終わりは近いですからご安心ください）。

私は幸せになりたい。その最善の方法は、人を幸せにすることです。それがこの本を書いた理由です。まったく人の役に立たなかったら残念ですが、決して自己満足のために書いたわけではありません。

これまで5冊ほど本を書いてきましたが、今回の本を書くには勇気とチャレンジ精神が必要でした。それにしては出来が不十分です。これは私の責任です。

このわがままにご協力いただきました出版社の方々には、心からお詫びと感謝の気持ちをお伝えしたいと思います。

そして何よりもこの本を買って読んでくださった読者の皆さまに、再度、最大の御礼を申し上げます。

本は読むか燃やすしかない。しかしやはり著者としては読んでいただきたい。そして、ご批判をいただきたい。どうぞ厳しいコメントをお願いいたします。

ところで、もしあなたが40歳を過ぎておられたら、100歳までのご自身の人生計画はできていますか？　そのお答えも、ご批判と一緒にぜひいただければと思います。

青春新書
INTELLIGENCE

こころ涌き立つ「知」の冒険

いまを生きる

〝青春新書〟は昭和三一年に――若い日に常にあなたの心の友として、その糧となり実になる多様な知恵が、生きる指標として勇気と力になり、すぐに役立つ――をモットーに創刊された。

そして昭和三八年、新しい時代の気運の中で、新書〝プレイブックス〟にその役目のバトンを渡した。「人生を自由自在に活動《プレイ》する」のキャッチコピーのもと――すべてのうっ積を吹きとばし、自由闊達な活動力を培養し、勇気と自信を生み出す最も楽しいシリーズ――となった。

いまや、私たちはバブル経済崩壊後の混沌とした価値観のただ中にいる。その価値観は常に未曾有の変貌を見せ、社会は少子高齢化し、地球規模の環境問題等は解決の兆しを見せない。私たちはあらゆる不安と懐疑に対峙している。

本シリーズ〝青春新書インテリジェンス〟はまさに、この時代の欲求によってプレイブックスから分化・刊行された。それは即ち、「心の中に自らの青春の輝きを失わない旺盛な知力、活力への欲求」に他ならない。応えるべきキャッチコピーは「こころ涌き立つ〝知〟の冒険」である。

予測のつかない時代にあって、一人ひとりの足元を照らし出すシリーズでありたいと願う。青春出版社は本年創業五〇周年を迎えた。これはひとえに長年に亘る多くの読者の熱いご支持の賜物である。社員一同深く感謝し、より一層世の中に希望と勇気の明るい光を放つ書籍を出版すべく、鋭意志すものである。

平成一七年　　刊行者　小澤源太郎

著者紹介
郡山史郎〈こおりやましろう〉
1935年生まれ。株式会社CEAFOM代表取締役社長。
一橋大学経済学部卒業後、伊藤忠商事を経て、1959年ソニー入社。73年米国のシンガー社に転職後、81年ソニーに再入社、85年取締役、90年常務取締役、95年ソニーPCL社長、2000年同社会長、02年ソニー顧問を歴任。04年、プロ経営幹部を紹介する株式会社CEAFOMを設立し、代表取締役に就任する。人材紹介業をおこなう傍ら、これまでに5000人以上の定年退職者をサポート。著書に、ベストセラーとなった『定年前後の「やってはいけない」』、『転職の「やってはいけない」』(小社刊)などがある。

定年格差《ていねんかくさ》
青春新書
INTELLIGENCE

2021年9月15日　第1刷
2021年10月10日　第2刷

著者　郡《こおり》山《やま》史《し》郎《ろう》

発行者　小澤源太郎

責任編集　株式会社プライム涌光
電話　編集部　03(3203)2850

発行所　東京都新宿区若松町12番1号 〒162-0056　株式会社青春出版社
電話　営業部　03(3207)1916　振替番号　00190-7-98602

印刷・中央精版印刷　製本・ナショナル製本

ISBN978-4-413-04632-9

こころ涌き立つ「知」の冒険！

青春新書 INTELLIGENCE

こころ涌き立つ「知」の冒険!

青春新書
INTELLIGENCE

人生は「2周目」からがおもしろい　齋藤 孝　PI·578
腸から脳を整える最新栄養医学
発達障害は食事でよくなる　溝口 徹　PI·579
元日本テレビ敏腕プロデューサーが明かす
勝つために9割捨てる仕事術　村上和彦　PI·580
定点写真でめぐる東京と日本の町並み　二村高史　PI·581
図説 地図とあらすじでわかる!
釈迦の生涯と日本の仏教　瓜生 中［監修］　PI·582
転職の「やってはいけない」
自分を活かす会社の見つけ方、入り方　郡山史郎　PI·583
野球と人生
最後に笑う「努力」の極意　野村克也　PI·584
武道と日本人
世界に広がる身心鍛練の道　魚住孝至　PI·585
「親の介護・認知症」でやってはいけない相続　税理士法人レガシィ　PI·586
英会話 その〝直訳〟はネイティブを困らせます　デイビッド・セイン　PI·587
中高年がひきこもる理由
臨床から生まれた回復へのプロセス　桝田智彦　PI·588
50代からの人生戦略
いまある武器をどう生かすか　佐藤 優　PI·589

すぐ怠ける脳の動かし方　菅原道仁　PI·590
図解ハンディ版
腸を温める食べ物・食べ方　松生恒夫　PI·591
これ一冊で日常生活まるごとOK!
英会話 ネイティブの1行フレーズ2500　デイビッド・セイン　PI·592
50代から自分を生かす
頭のいい副業術　中山マコト　PI·593
大阪の逆襲
万博・IRで見えてくる5年後の日本　石川智久　多賀谷克彦　関西近未来研究会　PI·594
医者も親も気づかない
女子の発達障害　岩波 明　PI·595
50代 後悔しない働き方
「勝ち逃げできない世代」の新常識　大塚 寿　PI·596
学校の先生も答えられない
「英語のなぜ?」がわかる図鑑　伏木賢一［監修］　PI·597
福沢諭吉と渋沢栄一
学問と実業、対極の二人がリードした新しい日本　城島明彦　PI·598
繰り返す日本史
二千年を貫く五つの法則　河合 敦　PI·599
あなたの職場の
繊細くんと残念な上司　渡部 卓　PI·600
何のために本を読むのか　齋藤 孝　PI·601

こころ涌き立つ「知」の冒険!

青春新書 INTELLIGENCE

弘兼流 やめる! 生き方	弘兼憲史	PI·602
会社を離れても仕事が途切れない7つのツボ	伊藤賀一	PI·603
ウイルスに強くなる「粘膜免疫力」	溝口 徹	PI·604
認知症グレーゾーン 「人の名前が出てこない」だけではなかった	朝田 隆	PI·605
感情を"毒"にしないコツ 心と体の免疫力を高める「1日5分」の習慣	大平哲也	PI·606
あの神様の由来と特徴がよくわかる 日本の神様の「家系図」	戸部民夫	PI·607
英会話 言わなきゃよかったこの単語	デイビッド・セイン	PI·608
脳科学者が教える「ストレスフリー」な脳の習慣	有田秀穂	PI·609
ボケたくなければ「奥歯」は抜くな	山本龍生	PI·610
リーダーとは「言葉」である 行き詰まりを抜け出す77の名言・名演説	向谷匡史	PI·611
自衛隊メンタル教官が教える 心をリセットする技術	下園壮太	PI·612
科学的根拠「エビデンス」の落とし穴	松村むつみ	PI·613
自分で考えて動く部下が育つすごい質問30	大塚 寿	PI·614
血糖値は「腸」で下がる 腸からインスリン・スイッチをオンにする生活習慣	松生恒夫 森 豊	PI·615
最速で体が変わる「尻《しり》」筋トレ 1日5分! 世界標準の全身ビルドアップ術	弘田雄士	PI·616
"スカノミクス"に蝕《むしば》まれる日本経済	浜 矩子	PI·617
教科書の常識がくつがえる! 最新の日本史	河合 敦	PI·618
ビジネスが広がるクラブハウス	武井一巳	PI·619
語源×図解 くらべて覚える英単語	清水建二	PI·620
ストレスの9割は「脳の錯覚」 思考グセに気づけば、もっとラクに生きられる	和田秀樹	PI·621
還暦からの人生戦略 最高の人生に仕上げる"超実践的"ヒント	佐藤 優	PI·622
2035年「ガソリン車」消滅	安井孝之	PI·623
2030年を生き抜く会社のSDGs	次原悦子 サニーサイドアップグループ	PI·624
ミッドライフ・クライシス	鎌田 實	PI·625